Impressum
Verlag: BABADADA GmbH, Nedderfeld 112 , 22529 Hamburg
Geschäftsführer / Verlagsleitung: Harald Hof
Druck: Books on Demand GmbH, In de Tarpen 42, 22848 Norderstedt

Imprint
Publisher: BABADADA GmbH, Nedderfeld 112 , 22529 Hamburg, Germany
Managing Director / Publishing direction: Harald Hof
Print: Books on Demand GmbH, In de Tarpen 42, 22848 Norderstedt, Germany

trường học
សាលារៀន

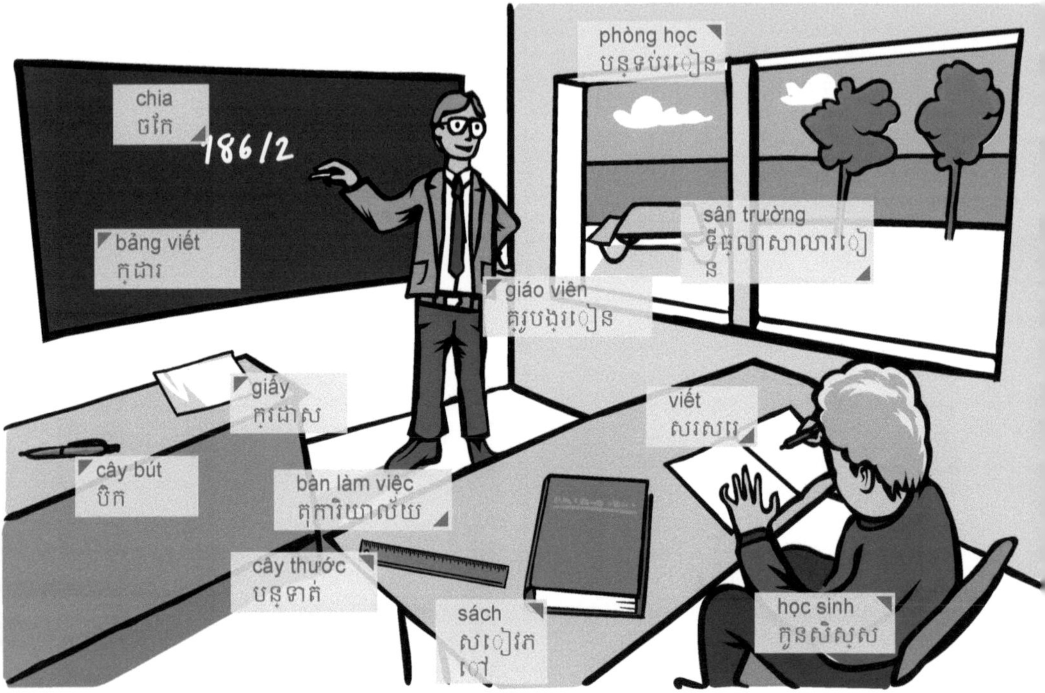

phòng học
បន្ទប់រៀន
chia
ចែក
186/2
bảng viết
ក្ដារ
giáo viên
គ្រូបង្រៀន
sân trường
ទីធ្លាសាលារៀន
viết
សរសេរ
giấy
ក្រដាស
cây bút
ប៊ិក
bàn làm việc
តុការិយាល័យ
cây thước
បន្ទាត់
sách
សៀវភៅ
học sinh
កូនសិស្ស

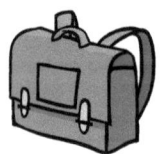

cặp đeo vai học sinh
សម្ពៀតស្បែក

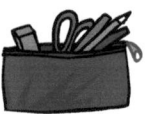

hộp đựng bút
ប្រអប់ដាក់ខ្មៅដៃ

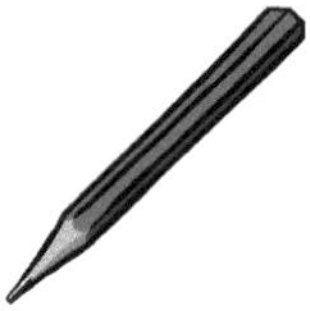

bút chì
ខ្មៅដៃ

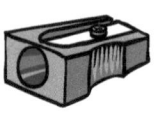

cái gọt bút chì
ប្រដាប់ខួងខ្មៅដៃ

cục tẩy
ជ័ររលុប

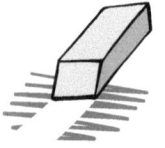

tập giấy vẽ
ផ្ទាំងគំនូរ

bản vẽ

គំនូរ

cọ vẽ

ជក់គូរ

hộp mực vẽ

ប្រអប់ថ្នាំលាប

cây kéo

កន្ត្រៃ

keo dán

កាវបិទ

sách bài tập

សៀវភៅលំហាត់

bài tập ở nhà

កិច្ចការផ្ទះ

12

số

លេខ

2+2

cộng

បូក

5-2

trừ

ដក

2×2

nhân

គុណ

tính toán

គណនា

A

chữ cái

លិខិត

ABCDEFG HIJKLMN OPQRSTU VWXYZ

bảng chữ cái

អក្សរក្រម

hello

từ

ពាក្យ

văn bản

អត្ថបទ

đọc

អាន

phấn viết

ដីស

bài học

មេរៀន

sổ lớp

ចុះឈ្មោះ

thi kiểm tra

ការប្រឡង

chứng chỉ

វិញ្ញាបនបត្រ

đồng phục học sinh

ឯកសណ្ឋានសាលា

giáo dục

ការអប់រំ

từ điển bách khoa

សព្វវចនាធិប្បាយ

đại học

សាកលវិទ្យាល័យ

kính hiển vi

មីក្រូទស្សន៍

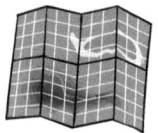

bản đồ

ផែនទី

thùng rác giấy

កន្ត្រករដាក់សំរាមក្រដាស

khách sạn
សណ្ឋាគារ

Grand

nhà trọ
សណ្ឋាគារកុម្រង

quầy đổi tiền
ការវិយាល័យបតូរប្រាក់

ECHANGE

va li
វ៉ាលី

xe ô tô
រថយន្ដ

ngôn ngữ
ភាសា

có / không
ហទ / ទេ

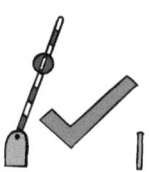

ô kê
យល់ព្រម

Xin chào
សាយ័ន្ដសួស្ដី!

thông dịch viên
អ្នកបកប្រែ

cám ơn
សូមអរគុណ

… bao nhiêu tiều?

ចូលប៉ុន្មាន... ?

tôi không hiểu

ខ្ញុំមិនយល់

vấn đề

បញ្ហា

Xin chào! (buổi tối)

ទិវាសួស្តី!

xin chào! (buổi sáng)

អរុណសួស្តី

chúc ngủ ngon!

រាត្រីសួស្តី!

tạm biệt

លាហើយ

hướng đi

ទិសដៅ

hành lý

អីវ៉ាន់

túi xách

កាបូប

túi ba lô

កាបូបស្ពាយកូរទោយ

khách

ភ្ញៀវ

phòng

បន្ទប់

túi ngủ

ថង់ដេក

lều

តង់

thông tin du lịch

ព័ត៌មានទេសចរណ៍

bãi biển

ឆ្នេរ

thẻ tín dụng

កាតឥណទាន

ăn sáng

អាហារពេលព្រឹក

ăn trưa

អាហារថ្ងៃត្រង់

ăn tối

អាហារពេលល្ងាច

vé xe

សំបុត្រ

thang máy

ជណ្តើរយន្ត

tem bưu điện

តែម

biên giới

ព្រំដែន

hải quan

គយ

đại sứ quán

ស្ថានទូត

thị thực

ទិដ្ឋាការ

hộ chiếu

លិខិតឆ្លងដែន

vận chuyển
ការដឹកជញ្ជូន

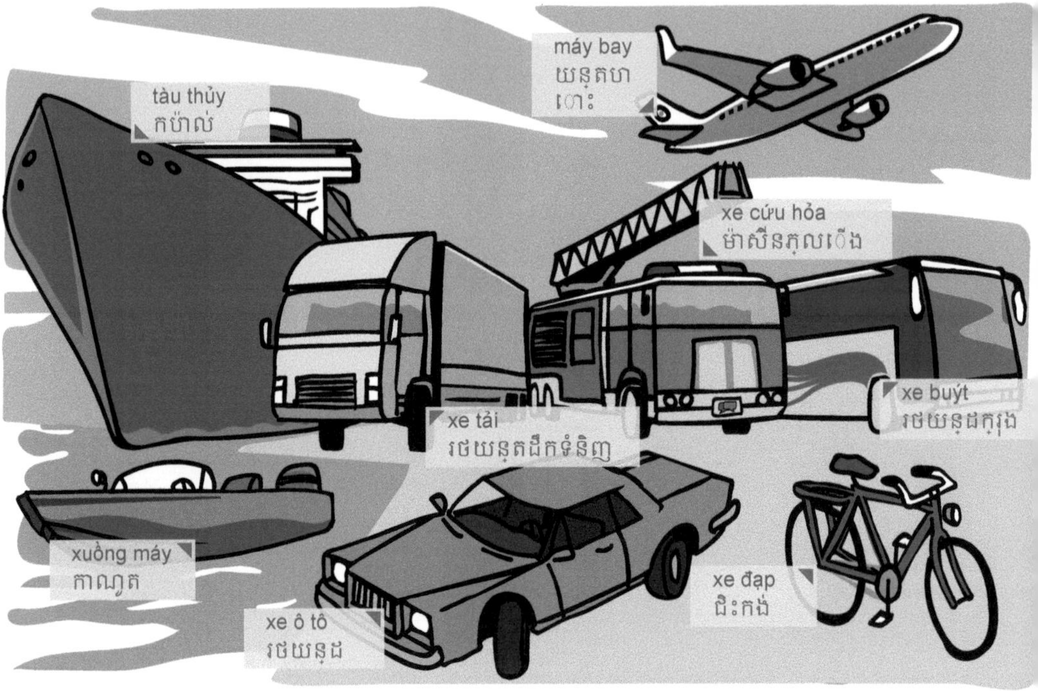

tàu thủy
កប៉ាល់
máy bay
យន្តហោះ
xe cứu hỏa
ម៉ាស៊ីនភ្លើង
xe tải
រថយន្តដឹកទំនិញ
xe buýt
រថយន្តក្រុង
xuồng máy
កាណូត
xe ô tô
រថយន្ត
xe đạp
ជិះកង់

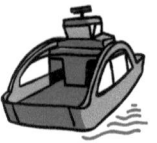

phà
សាឡាង

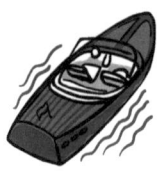

xuồng
ទូក

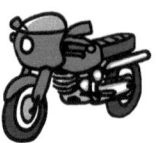

xe máy
ម៉ូតូ

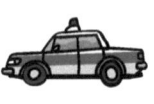

xe cảnh sát
រថយន្តប៉ូលិស

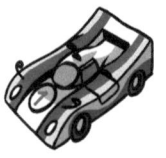

xe đua
រថយន្តប្រណាំង

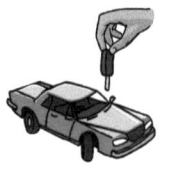

xe cho thuê
រថយន្តជួល

dịch vụ thuê xe tự lái

ការជួលរថយន្ត

xe kéo cứu hộ

ឡានសុទ្ទច

xe rác

ឡានបុរមូលសំរាម

động cơ

ម៉ូទ័រ

xăng

បុរេងឥន្ធនៈ

trạm xăng

ស្ថានីយបុរេង

biển báo giao thông

សុលាកសញ្ញាចរាចរណ៍

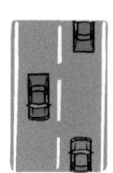

giao thông

ការធ្វើរ៉េចរាចរណ៍

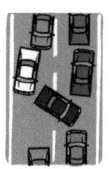

ách tắc giao thông

កកសុទ្ធៈចរាចរណ៍

bãi đậu xe

ចំណត

nhà ga

ស្ថានីយ៍រថភ្លើង

đường ray

ផ្លូវរដ្ឋកៃ

xe lửa

រថភ្លើង

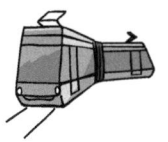

tàu điện

រថអគ្គីសនី

toa xe

ទូរថភ្លើង

máy bay trực thăng

ឧទ្ធម្ភាគចក្រ

sân bay

ពុលោនយន្តហោះ

tháp

ប៉ម

hành khách

អ្នកដំណើរ

côngtenơ

កុងតឺន័រ

thùng các-tông

ករដាសកាតុង

xe đẩy

រទេះ

cái giỏ

កញ្ចប់

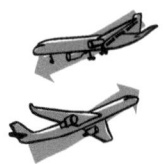

cất cánh / hạ cánh

ហោះឡ្យើង / ចុះ

thành phố

ទីក្រុង

làng

ភូមិ

trung tâm thành phố

កណ្តាលទីក្រុង

nhà

ផ្ទះ

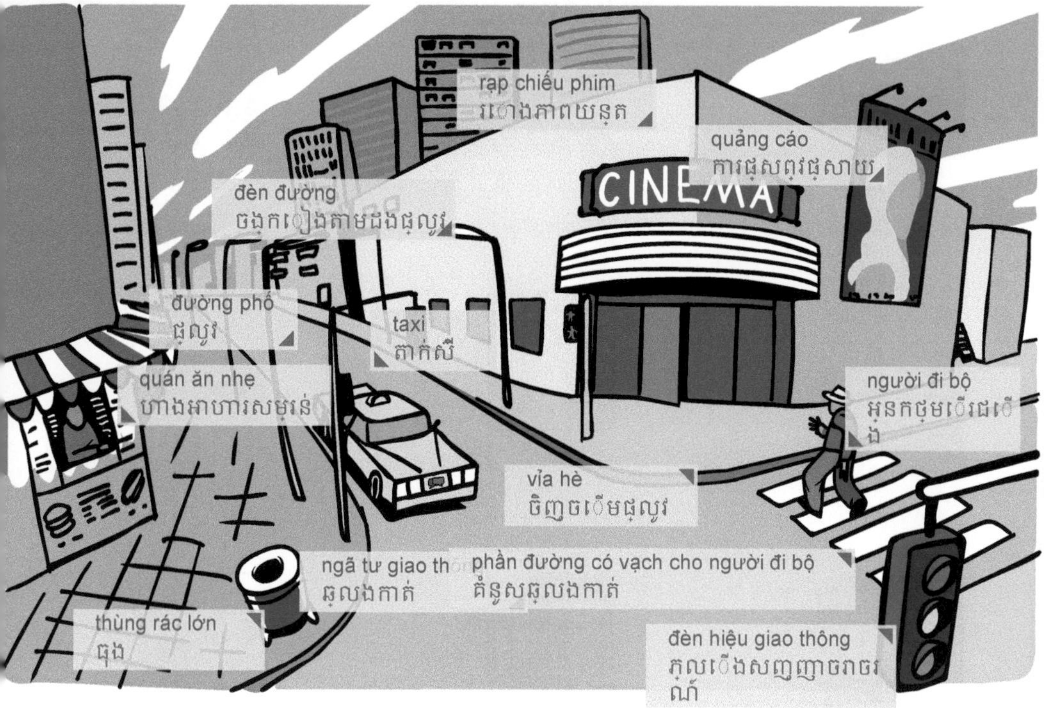
rạp chiếu phim
រោងភាពយន្ត
quảng cáo
ការផ្សព្វផ្សាយ
CINEMA
đèn đường
ចង្កៀងតាមដងផ្លូវ
đường phố
ផ្លូវ
taxi
តាក់ស៊ី
quán ăn nhẹ
ហាងអាហារសម្រន់
người đi bộ
អ្នកថ្មើរជើង
vỉa hè
ចិញ្ចើមផ្លូវ
ngã tư giao th
ឆ្លងកាត់
phần đường có vạch cho người đi bộ
គំនូសឆ្លងកាត់
thùng rác lớn
ធុង
đèn hiệu giao thông
ភ្លើងសញ្ញាចរាចរណ៍

nhà chòi

ខ្ទម

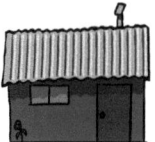

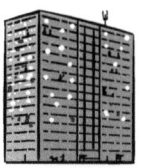

căn hộ

ផ្ទះល្វែង

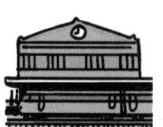

nhà ga

ស្ថានីយរថភ្លើង

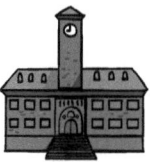

tòa thị chính

សាលាក្រុង

MUSEUM

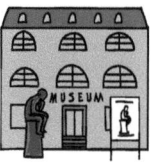

viện bảo tàng

សារមន្ទីរ

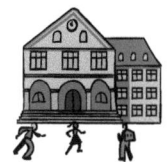

trường học

សាលារៀន

đại học

សាកលវិទ្យាល័យ

ngân hàng

ធនាគារ

bệnh viện

មន្ទីរពេទ្យ

khách sạn

សណ្ឋាគារ

hiệu thuốc

ឱសថស្ថាន

văn phòng

ការិយាល័យ

hiệu sách

ហាងលក់សៀវភៅ

cửa hiệu

ហាង

cửa hiệu bán hoa

ហាងផ្កា

siêu thị

ផ្សារទំនើប

chợ

ទីផ្សារ

cửa hàng bách hóa

ហាងទំនិញ

người bán cá

ហាងលក់ត្រី

trung tâm mua bán

មជ្ឈមណ្ឌលផ្សារទំនើប

bến cảng

កំពង់ផែ

công viên
ឧទ្យាន

ghế băng
បង្គាំ

cầu
ស្ពាន

cầu thang
ជណ្តើរឡើង

tàu điện ngầm
ផ្លូវរថក្រោមដី

đường hầm
ផ្លូវរូងក្រោមដី

trạm xe buýt
ចំណតរថយន្តដ៏ក្រុង

quán bar
បារ

khách sạn
ភោជនីយដ្ឋាន

hòm thư công cộng
ប្រអប់សំបុត្រ

bảng hiệu đường
សញ្ញាតាមដងផ្លូវ

đồng hồ đậu xe
ឧបករណ៍បូរមូលចូលថៃ្លចំណត

vườn bách thú
សួនសត្វ

bể bơi
អាងហែលទឹក

nhà thờ Hồi giáo
វិហារអ៊ីស្លាម

nông trại
កសិដ្ឋាន

ô nhiễm môi trường
ការបំពុល

nghĩa trang
វាលកប់ខ្មោច

nhà thờ
ពួរវិហារ

sân chơi
គូរៀងអីលកុមដែលដែង

ngôi đền
ប្រាសាទ

phong cảnh
ទេសភាព

lá cây
ស្លឹក

bảng chỉ đường
សញ្ញាបង្ហាប់ទិសដង់ទៅ

lối đi
ផ្លូវ

bãi cỏ
វាលស្មៅ
ទៅ

hòn đá
ដុំថ្ម

cây
ដើមឈើ
ឈើ

người đi bộ đường dài
អ្នកឡេ្បីងភ្នំ

sông
ទន្លេ

cỏ
ស្មៅទៅ

bông hoa
ផ្កា

thung lũng

ជ្រលងភ្នំ

đồi

កូនភ្នំ

hồ nước

បឹង

rừng

ព្រៃឈើ

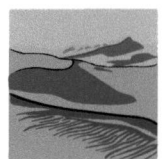

sa mạc

វាលខ្សាច់

núi lửa

ភ្នំភ្លុលើង

lâu đài

គោកុរប៉ី

cầu vồng

ឥន្ទធនូ

nấm

ផ្សិត

cây cọ

ដើមតុនពោត

con muỗi

មូស

con ruồi

រុយ

con kiến

ស្រមោច

con ong

សត្វឃ្មុំ

con nhện

ពីងពាង

bọ cánh cứng

សត្វកញ្ចើរ

con ếch

កង្កែប

con sóc

កំប្រុក

con nhím

សត្វកាំប្រមា

con thỏ

ទន្សាយសុលึក

con cú

សត្វទីទុយ

con chim

បក្សី

thiên nga

ហង្ស

heo rừng

ជ្រូក

con hươu

សត្វក្តាន់

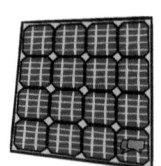

nai sừng tấm

សត្វក្ដាន់

đê

ទំនប់

tuabin gió

កង្ហារខ្យល់

tấm năng lượng mặt trời

បន្ទះស្ងួហ្គា

khí hậu

អាកាសធាតុ

bồi bàn
អ្នករត់តុ

thực đơn
ម៉ឺនុយ

ghế
កៅអី

súp
ស៊ុប

bánh pizza
ភីហ្សា

bộ dao nĩa ăn
កាំបិត

khăn trải bàn
កម្រាលតុ

món ăn khai vị
អាហារសម្រន់

món ăn chính
អាហារសំខាន់

món tráng miệng
បង្អែម

thức uống
ភេសជ្ជៈ

thức ăn
អាហារ

cái chai
ដប

thức ăn nhanh

អាហារររហ័ស

thức ăn đường phố

អាហារតាមផ្លូវ

ấm trà

ប៉ាន់តែ

hộp đường

ប្ររអប់ស្ករ

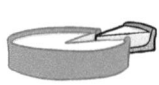

khẩu phần

ចំណែក

máy pha espresso

ម៉ាស៊ីនតុងកាហ្វុរអិចស្ព្រុរ
ស្ស

ghế cao

កៅអីខ្ពស់

hóa đơn

វិក្កយបត្រ

khay

ថាស

dao

កាំបិត

nĩa

សម

thìa

ស្លាបព្រា

thìa uống trà

ស្លាបព្រាកាហ្វុរ

khăn ăn

កន្សែងជូតខ្លួន

cốc thủy tinh

កវែ

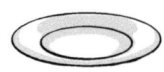

đĩa
ចានទាប

đĩa súp
ចានស៊ុប

đĩa lót cốc
ចានទូរនាប់

nước sốt
ទឹកជ្រលក់

lọ muối
ដបអំបិល

cái xay tiêu
បុរដាប់កិនម្រេច

giấm
ទឹកខ្មេះ

dầu
បុរេង

gia vị
គ្រឿងទេស

nước xốt cà chua
ទឹកប៉េងប៉ោះ

tương hạt cải
ម៉ូតាក

nước sốt mayonnaise
ទឹកម៉ៃ៉ណេ

siêu thị
ផ្សារទំនើប

chào giá đặc biệt
ការផ្តល់ជូនពិសេស
FOR
khách hàng
អតិថិជន
sản phẩm từ sữa
ទឹកដោះគោ
trái cây
ផ្លែឈើ
xe đẩy mua sắm
រទេះរុញ

BUTCHERS

lò mổ

ហាងកាប់ជ្រូក

BAKERY

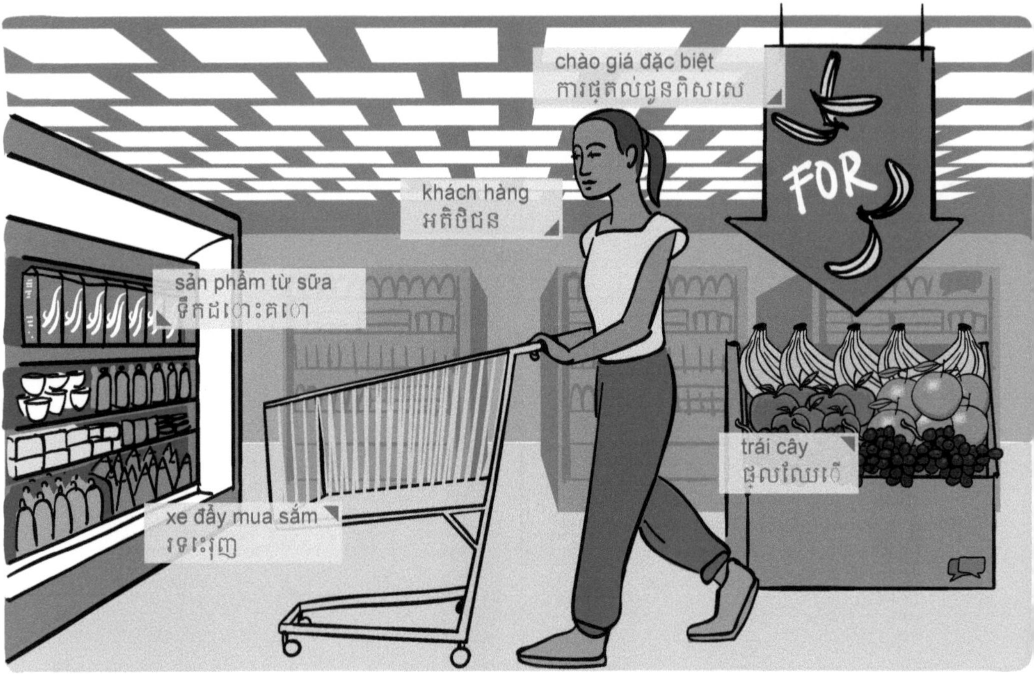

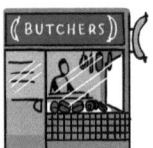

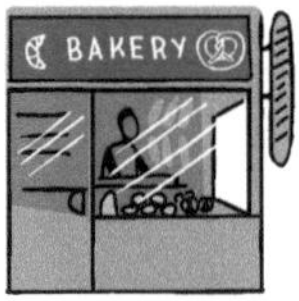

cửa hiệu bán bánh mì

ហាងដុតនំ

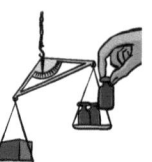

cân nặng

ថ្លឹង

rau quả

បន្លែ

thịt

សាច់

thức ăn đông lạnh

អាហារក្កឈាស្សេ

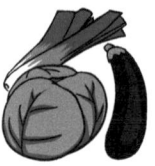

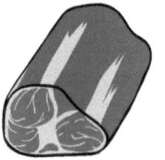

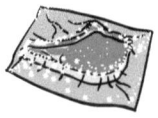

lát thịt nguội

សាច់កុលាសរ

đồ hộp

អាហារកំប៉ុង

bột giặt

ម៉ាសៅឡាង

đồ ngọt

សុអរគុរាប់

sản phẩm dùng trong gia đình

ផលិតផលក្នុងគ្រួសារ

chất tẩy rửa

ផលិតផលសម្អាត

người bán hàng

អ្នកលក់

quầy trả tiền

ថតដាក់លុយ

nhân viên thu ngân

បង្គោ

danh sách mua sắm

បញ្ជីទិញទំនិញ

giờ mở cửa

ម៉ោងធ្វើការ

ví tiền

កាបូបលុយបុរស

thẻ tín dụng

កាតឥណទាន

túi đeo

ថង់

túi ny lông

ថង់ប្លាស្ទិច

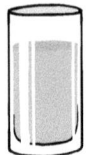

nước

ទឹក

nước quả ép

ទឹកផ្លែឈើ

sữa

ទឹកដោះគោ

coca-cola

កូកាកូឡា

rượu vang

សុរា

bia

សុរាបៀរ

cồn

គ្រឿងស្រវឹង

cacao

កាកាវ

trà

តែ

cà phê

កាហ្វេ

espresso

កាហ្វេអេចស្ព្រេសសូ

cappuccino

កាហ្វេកាពូឈីណូ

chuối

ចេក

quả táo

ផ្លែប៉ោម

quả cam

ផ្លែក្រូច

dưa hấu

ឪឡឹក

chanh

ក្រូចឆ្មា

cà rốt

ការ៉ុត

tỏi

ខ្ទឹម

tre

ឫស្សី

củ hành

ខ្ទឹមបារាំង

nấm

ផ្សិត

hạt dẻ

គ្រាប់ផ្លែឈើ

mì

មី

mì spaghetti

ម៉ីអ៊ីតាល់

cơm

ហាយ

xà lách

សាឡាត់

khoai tây chiên

ដំឡូងចៀន

khoai tây chiên

ដំឡូងចៀន

bánh pizza

ភីហ្សា

bánh hamburger

បឺហ្គឺ

bánh mì sandwich

សាំងវិច

thịt côtlet

សាច់ជាប់ឆ្អឹងជំនី

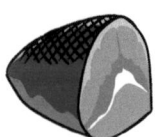

thịt giăm bông

ហាំ

xúc xích

សាឡាម៉ី

dồi

សាច់ក្រក

gà

សាច់មាន់

rán

អាំង

cá

ត្រី

cháo yến mạch

អាវ័នបបរ

cháo muesli

មុយ្ស៊ុលី

bánh bột ngô nướng

ដំឡូងចំណិត

bột mì

មុសវៅ

bánh sừng bò

នំគ្រួសង់

bánh mì

នំប៉័ងមុយ៉ាងមូលតូចៗ

bánh mì

នំប៉័ង

bánh mì nướng

អាំង

bánh bích quy

នំប៊ីស្គីត

bơ

ប៊័រ

sữa đông

ទឹកដោះខាប់

bánh ngọt

នំខេក

trứng

ស៊ុត

trứng rán

ស៊ុតចៀន

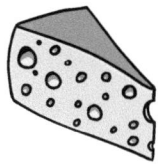

pho mát

ឈីស

kem

ការ៉េម

đường

ស្ករ

mật ong

ទឹកឃ្មុំ

mứt

ដំណាប់

kem nougat

កូរ៉េមតាំងម៉ៃ

cà ri

ការី

nhà nông trại
ផ្ទះទូទុក្នុងកសិដ្ឋាន

kiện rơm
ខ្សែចែងធ្មបលើ

nhà vựa
ជង្រុក

cann dong
វាលស្មៅ

con ngựa
សេះ

xe moóc
រថសណ្ដុជ
ោង

ngựa con
កូនសេហ

máy kéo
តុក្កតម័រ

con lừa
សត្វលា

con cừu
សត្វចៀម

cừu con
កូនចៀម

con dê	con bò	con bê

ពពែ	គោញី	កូនគោ

con lợn	lợn con	bò đực

ជ្រូក	កូនជ្រូក	គោឈ្មោល

con ngỗng

សត្វក្ងាន

con vịt

ទា

gà con

កូនមាន់

gà mái

មមាន់

gà trống

មាន់ឈ្មោល

con chuột

កណ្តុរ

mèo

ឆ្មា

chuột nhắt

កណ្តុរប្របមះ

bò đực

គោឈ្មោល

con chó

ឆ្កែ

nhà chuồng chó

ផ្ទះឆ្កែ

ống tưới vườn cây

ទុយោទឹក

thùng tưới cây

ធុងស្រោចទឹក

lưỡi hái

ខូវ្របក

cái cày

នង្គ័ល

cái liềm
កណ្ដៀវ

cái cuốc
ចបកាប់

cái chĩa
រនាស់

cái rìu
ពូថៅ

xe cút kít
រទេះរុញ

máng ăn
ស្នូក

lọ sữa
កំប៉ុងទឹកដោះគោ

bao tải
ហារ

hàng rào
របង

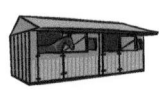

chuồng
ក្រោល

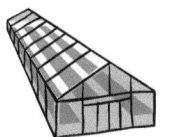

nhà kính trồng cây
ផ្ទះកញ្ចក់

đất trồng
ដី

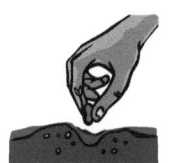

hạt giống
គ្រាប់ពូជ

phân bón
ជី

máy gặt đập liên hợp
ម៉ាស៊ីនច្រូតកាត់

thu hoạch
បុរមូលផល

mùa thu hoạch
ការបុរមូលផល

khoai lang
ដំឡូងជួរ

lúa mì
សុវរសាលី

đậu nành
សណ្ដែកសៀង

khoai tây
ដំឡូងជួរ

ngô
ពហោត

hạt cải dầu
គ្រាប់បុរងៃប

cây ăn trái
ដេីមឈេីហ្វុបផ្លីៃ

sắn
ដំឡូងមី

ngũ cốc
ធញ្ញជាតិ

nhà
ផ្ទះ

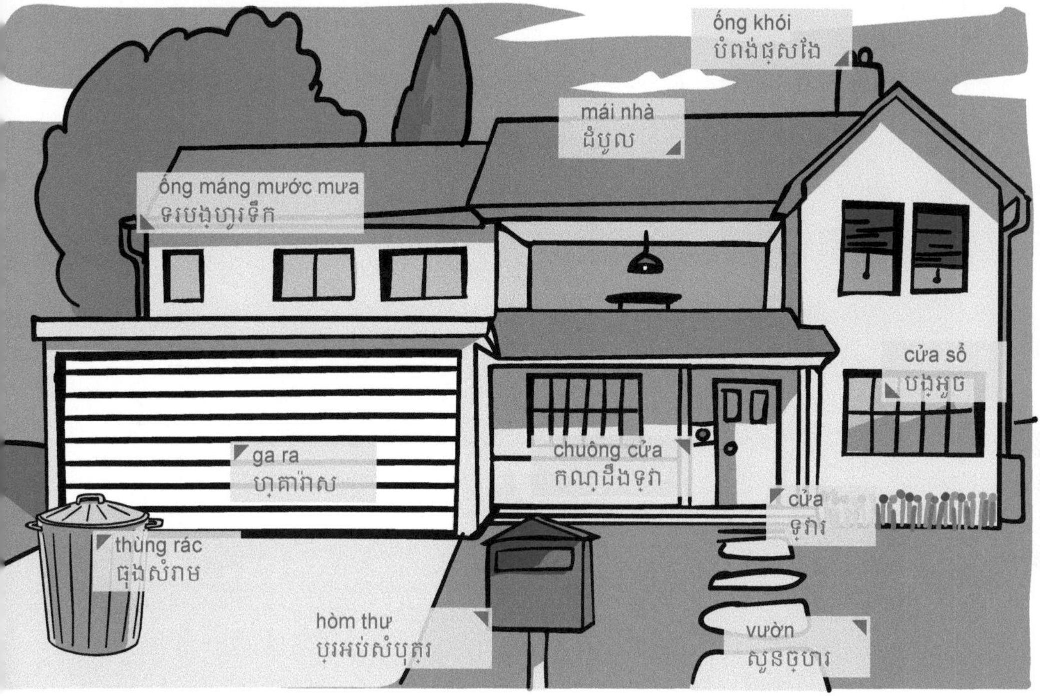

ống khói
បំពង់ផ្សែង

mái nhà
ដំបូល

ống máng nước mưa
ទេរបង្ហូរទឹក

cửa sổ
បង្អួច

ga ra
ហ្គារ៉ាស

chuông cửa
កណ្ដឹងទ្វារ

cửa
ទ្វារ

thùng rác
ធុងសំរាម

hòm thư
ប្រអប់សំបុត្រ

vườn
សួនច្បារ

phòng khách
បន្ទប់ទទួលភ្ញៀវ

phòng tắm
បន្ទប់ទឹក

bếp
ផ្ទះបាយ

phòng ngủ
បន្ទប់គេង

phòng trẻ em
បន្ទប់របស់កុមារ

phòng ăn
បន្ទប់ទទួលទានអាហារ

nhà - ផ្ទះ

31

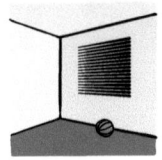

nền nhà
ជាន់

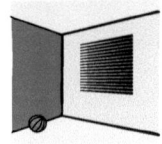

tường
ជញ្ជាំង

trần nhà
ពិដាន

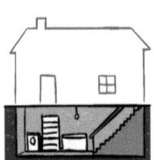

tầng hầm
បន្ទប់ក្រោមដី

tắm hơi
ស្ងួណា

ban công
យ៉័រ

sân hiên
ផ្ទៃវៃបសុមស្ងៀនៅជមុរាលក្នុំ

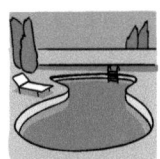

bể bơi
អាងហាលែទឹក

máy cắt cỏ
ម៉ាស៊ីនកាត់សុមៅ

khăn trải giường
សន្លឹក

khăn trải giường
កម្រាលគ្រវៃែក

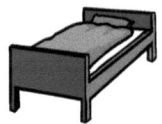

giường
គ្រវៃ

chổi
អំបោស

cái xô
ធុង

công tắc điện
កុងតាក់

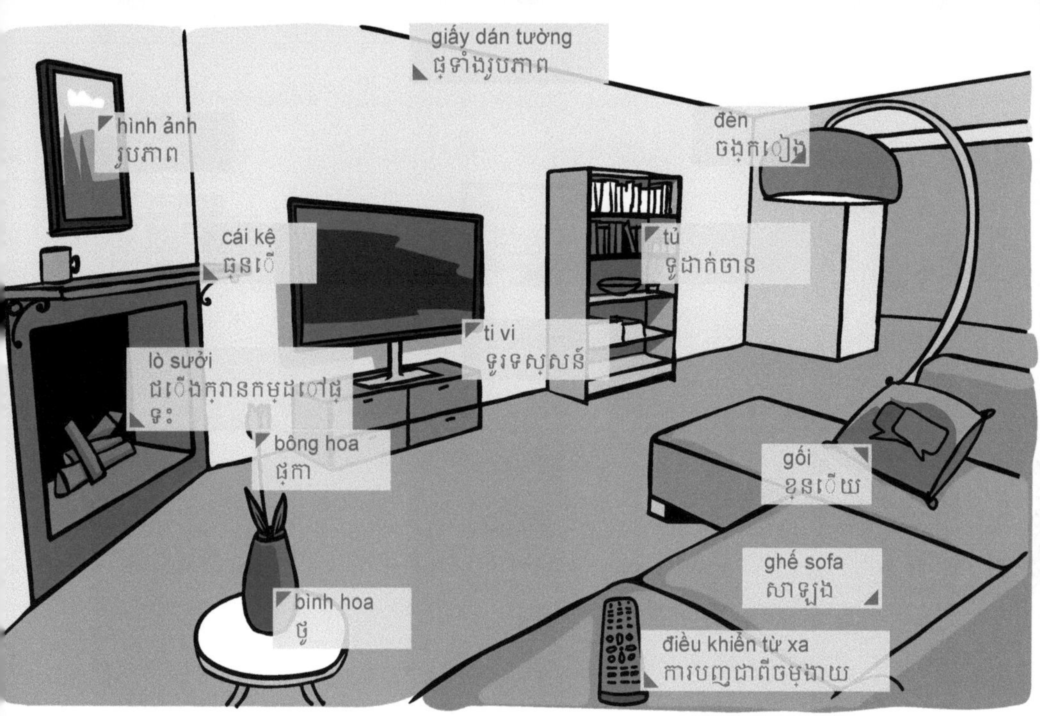

giấy dán tường
ផ្ទាំងរូបភាព

hình ảnh
រូបភាព

đèn
ចង្កៀងរៀង

cái kệ
ធ្នើរៀ

tủ
ទូជាក់ចាន

ti vi
ទូរទស្សន៍

lò sưởi
ជញ្ជាំងកុកានកម្ដៅថ្ងៃ
ឆ្នាំង

bông hoa
ផ្កា

gối
ខ្នើយ

bình hoa
ថូ

ghế sofa
សាឡុង

điều khiển từ xa
ការបញ្ជាពីចម្ងាយ

thảm
កម្រាលព្រំ

rèm
វាំងនន

cái bàn
តុ

ghế
កៅអី

ghế bập bênh
កៅអីប៉ាក់ប៉ើក

ghế bành
កៅអីកូនាក់ដៃ

sách

សៀវភៅទៅ

cái chăn

ភួយ

đồ trang trí

ការតុបតែង

củi

អុសដុត

phim

ខុសវិភាគយន្ត

máy hi-fi

ឧបករណ៍ Hi-Fi

chìa khóa

កូនសោ

báo

កាសែត

bức tranh

គំនូរ

áp phích

ផ្ទាំងរូបភាព

radio

វិទ្យុ

sổ ghi chép

ណ្ឌតជគេ

máy hút bụi

ម៉ាស៊ីនបូមធូលី

cây xương rồng

ដំបងាយកុស

cây nến

ទៀន

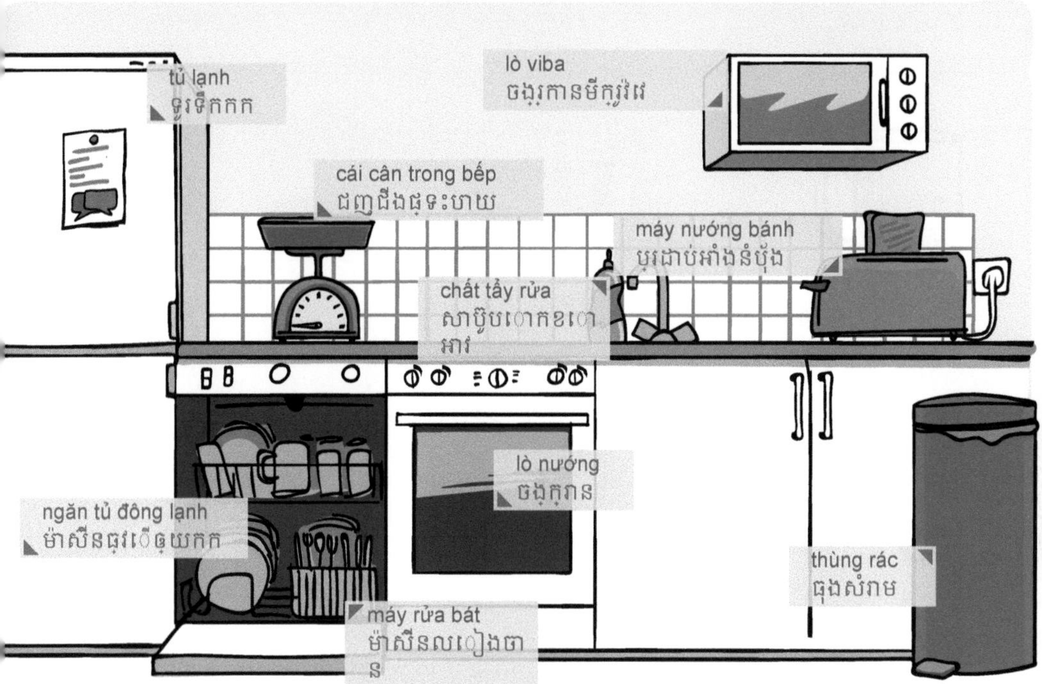

tủ lạnh
ទូរទឹកកក

lò viba
ចង្ក្រានម៉ីក្រូវេវ

cái cân trong bếp
ជញ្ជីងផ្ទះបាយ

máy nướng bánh
បុរដាប់អាំងនំប៉័ង

chất tẩy rửa
សាប៊ូបោកខោអាវ

lò nướng
ចង្ក្រាន

ngăn tủ đông lạnh
ម៉ាស៊ីនធ្វើទឹកកក

thùng rác
ធុងសំរាម

máy rửa bát
ម៉ាស៊ីនលាងចាន

lò nấu
ចង្ក្រាន

nồi
ឆ្នាំង

nồi sắt
ឆ្នាំងដែក

chảo
ខ្ទះ / ខ្ទះផណ្ឌា

chảo
ខ្ទះ

ấm đun nước
កំសៀរ

nồi đun hơi

ឆ្នាំងចំហុយ

khay lò nướng

ថាសដុតនំ

bát đĩa

គ្រឿងចានឆ្នាំងដ៏

cốc

ថ្យ

cái bát

ចានតពោម

đũa

ចង្កឹះ

cái vá

វែកសមុល

bàn xẻng

វែកគូរ

que đánh kem

ប្រដាប់វាយក្រឡួក

rây dùng trong bếp

តម្រង

cái rây lọc

កន្ទួរង

cái nạo

ប្រដាប់កោសដូង

vữa

គ្រហាល់

vỉ nướng

ការអាំងសាច់

ngọn lửa trần

ចង្ក្រានចំហ

cái thớt

ជួរញ់

trục cán bột

បុរដាប់កិនម្សៅ

cái mở nút chai

បុរដាប់ម្សៅបេ៊ើកឆ្នុកសួរ

vỏ đồ hộp

កំប៉ុង

cái mở vỏ đồ hộp

បុរដាប់បេ៊ើកកំប៉ុង

miếng nhắc nồi

ក្រណាត់ទ្រាប់ឆ្នាំង

bồn rửa bát

កន្លែលាងចាន

bàn chải

ជក់

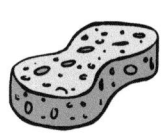

miếng xốp

អប៉ុង

máy xay

ម៉ាស៊ីនកួរ្បៀក

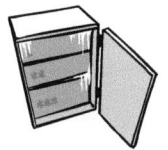

tủ đông lạnh

ទូរទឹកកកខ្នាតតូច

bình sữa cho trẻ sơ sinh

ដបទឹកដោះគោ

vòi nước

រ៉ូប៊ីណេ

phòng tắm
បន្ទប់ទឹក

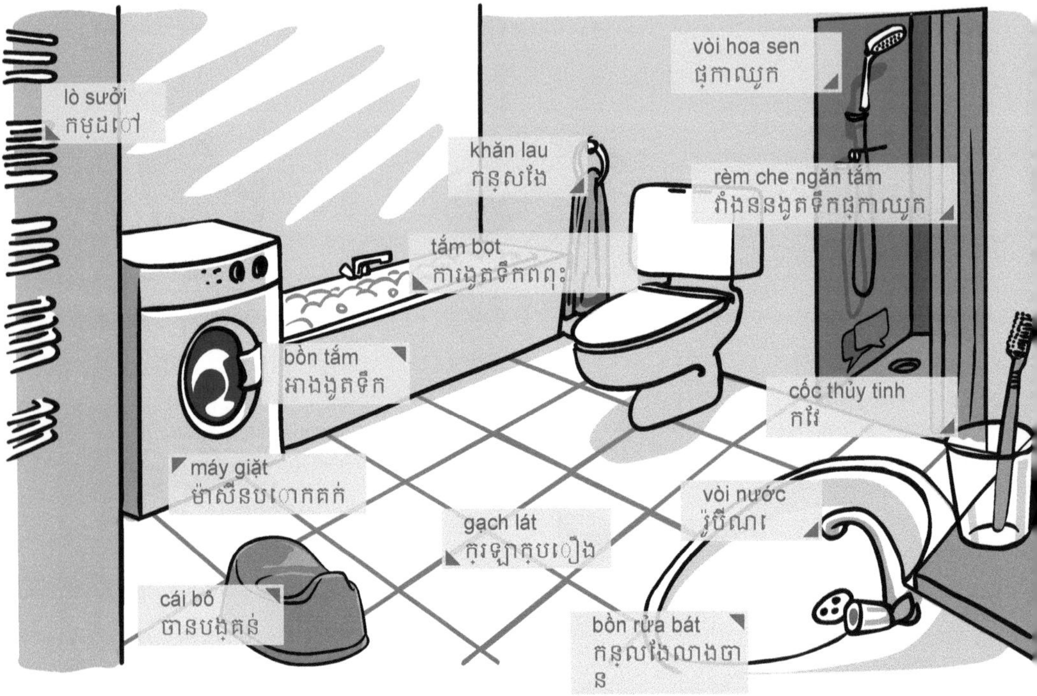

vòi hoa sen
ផ្កាឈូក
lò sưởi
កម្ដៅ
khăn lau
កន្សែង
rèm che ngăn tắm
វាំងននងូតទឹកផ្កាឈូក
tắm bọt
ការងូតទឹកពពុះ
bồn tắm
អាងងូតទឹក
cốc thủy tinh
កែវ
máy giặt
ម៉ាស៊ីនបោកគក់
vòi nước
រ៉ូប៊ីណេ
gạch lát
ក្រឡាក្បឿង
cái bô
ចានបង្គន់
bồn rửa bát
កន្លែងលាងចាន

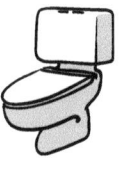

bồn cầu
បង្គន់

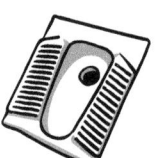

bồn cầu ngồi xổm
បង្គន់អង្គុយ

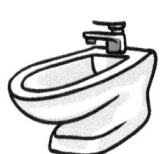

bồn rửa hậu môn
ផើងជម្រះកាយ

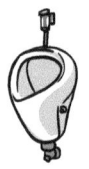

bồn tiểu tiện
ក្លាំទឹកនោម

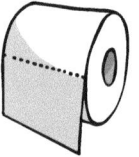

giấy vệ sinh
ក្រដាសបង្គន់

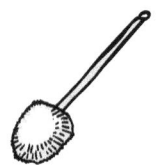

bàn chải cọ bồn cầu
ច្រាសដុសបង្គន់ន

bàn chải đánh răng
ច្រាសដុសធ្មេញ

kem đánh răng
ថ្នាំដុសធ្មេញ

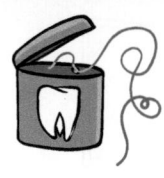

chỉ nha khoa
ខ្សែទោក់សម្អាតធ្មេញ

rửa
លាង

vòi sen cầm tay
បុរដោប់ដាក់ដៃផ្កាឈូក

vòi rửa hậu môn
ទឹកថ្នាំសម្រាប់ហាញ់លាង

bồn rửa
អាង

bàn chải cọ lưng
ច្រាសដុសខ្នង

xà phòng
សាប៊ូ

sữa tắm
ជលៃសម្រាប់ងូតទឹកផ្កាឈូ
ក

dầu gội
សាប៊ូ

khăn cọ để tắm
សកុលាត

lỗ thoát nước
បំពង់បង្ហូរទឹក

kem
កុរម៉ែ

chất khử mùi
ថ្នាំបំហាត់ក្លិនអាក្រក់

gương
កញ្ចក់

gương tay
កញ្ចក់ដៃ

dao cạo râu
ប្រដាប់កកោរ

kem cạo râu
ហ្វូមកកោរពុកមាត់

nước thơm dùng sau khi cạo râu
ទឹកលាងក្រោយកកោរពុកម ាត់រួច

cái lược
ក្រាស

bàn chải
ជក់

máy xấy tóc
ប្រដាប់សម្ងួតសក់

keo xịt tóc
ស្ព្រាយបាញ់សក់

đồ trang điểm
ការតុបតែងមុខ

thỏi son môi
ក្រមៃលាបមាត់

sơn bôi móng
ថ្នាំលាបក្រចក

bông
កោមកប្បាស

kéo cắt móng
កន្ត្រៃកាត់ក្រចក

nước hoa
ទឹកអប់

túi đựng đồ tắm
កាបូបបពោកគត់

ghế đẩu
លាមក

cái cân
ជញ្ជីងថ្លឹងទម្ងន់

áo choàng tắm
អាវពាក់ងូតទឹក

găng tay làm vệ sinh
ស្រោមដៃកោសើ

nút gạc
ឈ្នុក

băng vệ sinh
កន្សែងអនាម័យ

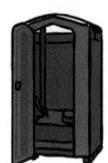

nhà vệ sinh hóa chất
បង្គន់គីមី

phòng trẻ em

បន្ទប់របស់កុមារ

đồng hồ báo thức
នាឡិការោទ៍
thú bông
ប្រដាប់ក្មេងអោបលេង
xe đồ chơi
រថយន្តក្មេងលេង
cái lúc lắc
ប្រដាប់អង្រន់លេង
nhà búp bê
ផ្ទះកូនក្រមុំជ័រ
món quà
អំណោយ

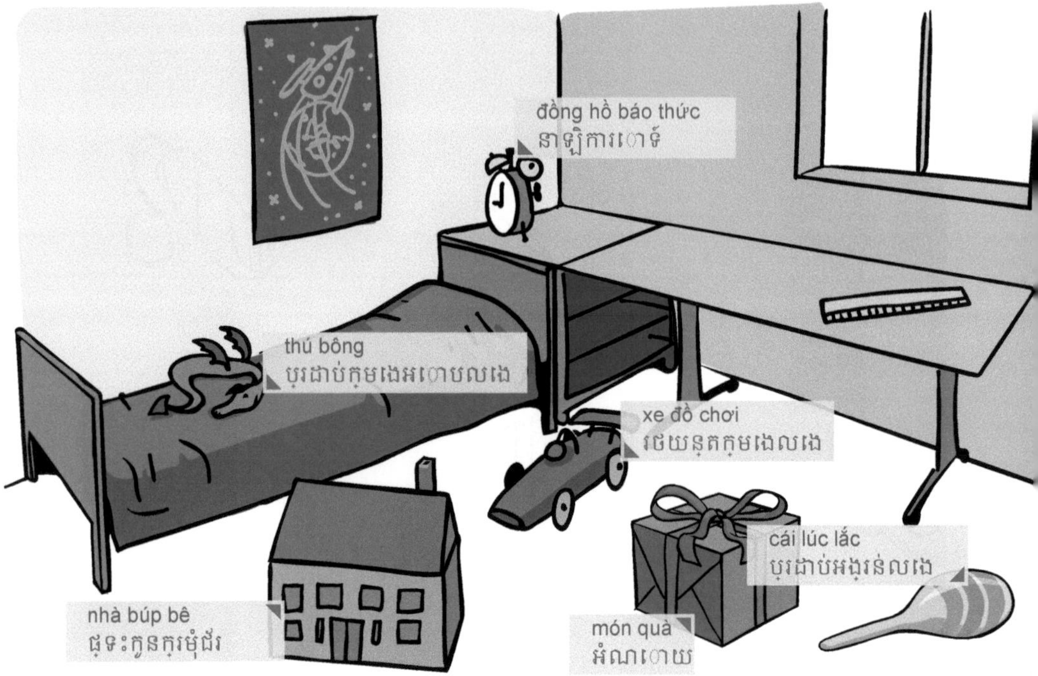

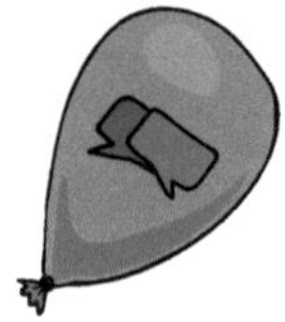

bong bóng

ប៉េងប៉ោង

giường

គ្រែ

xe nôi

រទេះរុញទារក

trò chơi bài

ហ៊ីបបៀ

trò chơi ghép hình

រូបផ្គុំ

SUPER
MEGA

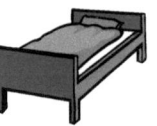

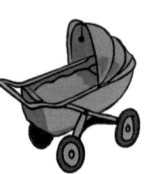

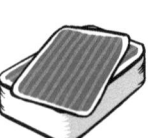

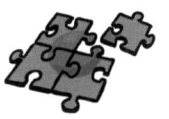

truyện tranh

កំប្លែង

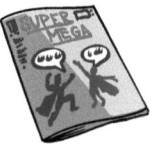

gạch Lego

ឥដ្ឋ Lego

khối xếp hình

បុលុកប៉ូរដោប់កុមបែងបែង

nhân vật hành động

តួលខេសកម្មភាព

áo liền quần cho trẻ sơ sinh

ខោអាវទារក

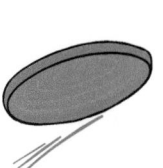

đĩa nhựa để ném

ការគប់ចាស

đồ chơi treo trên giường

ទូរស័ព្ទដៃ

trò chơi cờ bàn

ក្តារល្បែង

xúc xắc

គ្រាប់ឡុកឡាក់

đồ chơi xe lửa mô hình

ឈុតរថភ្លើងគំរូ

ti giả

រូបស័ណាក

buổi tiệc

គណបកុស

sách tranh

សៀវភៅរូបភាព

quả bóng

បាល់

búp bê

កូនក្រមុំតុក្កតា

chơi

លេង

hồ cát

ណ្ដេវទៅខ្សាច់

cái đu

ទ្រោង

đồ chơi

បុរដោប់ក្មេងេលងង

máy chơi game cầm tay

កុងសូលវីដេអូហ្គតមេ

xe ba bánh

គ្រីចក្រយានយន្ត

gấu bông

តុក្កតាខ្លាឃ្មុំ

tủ quần áo

ទូខោអាវ

y phục
សម្លៀកបំពាក់

bít tất

ស្រោមជេើង

bít tất dài

ស្រោមជេើងវែង

quần tất

ខោទ្រនាប់នារី

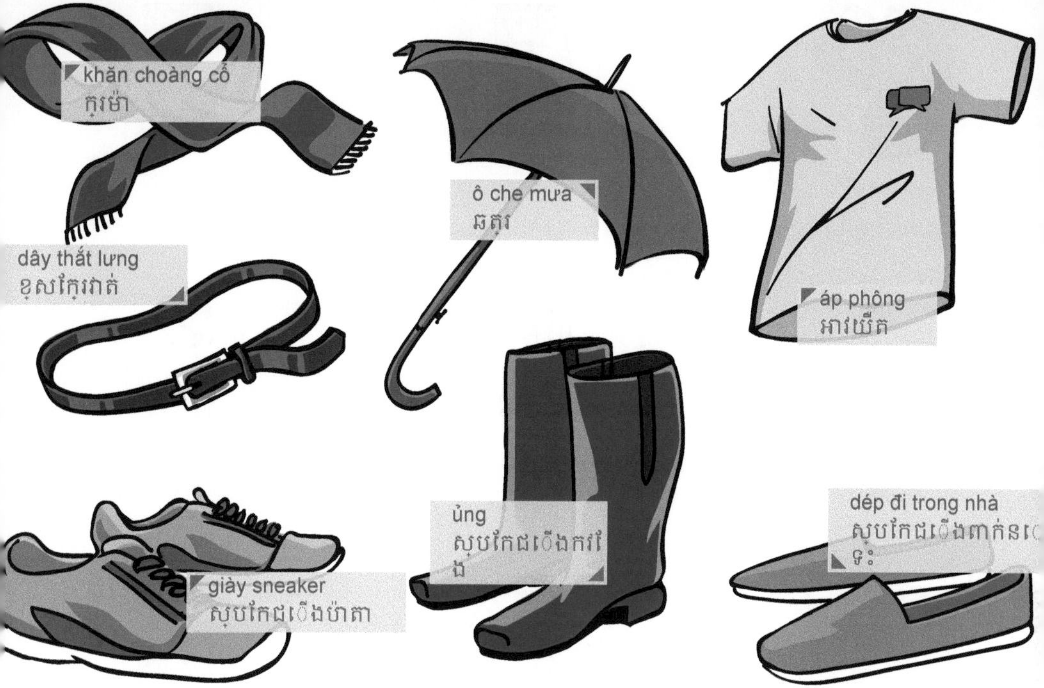

khăn choàng cổ
កុរម៉ា

ô che mưa
ឆត្រ

dây thắt lưng
ខ្សែក្រវាត់

áp phông
អាវយឺត

ủng
ស្បែកជើងកវែង

dép đi trong nhà
ស្បែកជើងពាក់នៅ
ទ្បះ

giày sneaker
ស្បែកជើងហ្គាតា

dép xăng đan
ស្បែកជើងសង្រែក

giày
ស្បែកជើង

ủng cao su
ស្បែកជើងករខែកទៅស្ទី

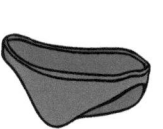

quần lót
ខោទុយនាប់បុរស

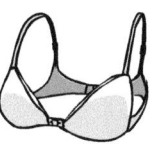

áo ngực
អាវទុយនាប់

áo vest
អាវកាក់

áo ôm sát cơ thể
រាងកាយ

quần dài
ខោវែង

quần bò
ខោខូវបិយ

váy
សំពត់

áo cánh
អាវក្រវេៅ

áo sơ mi
អាវ

áo len chui đầu
អាវយឺត

áo len
អាវយឺត

áo blazer
អាវធំ

áo jacket
អាវក្រវេៅ

áo khoác
អាវធំ

áo mưa
អាវភ្លៀង

trang phục
គ្រឿងតខែ

áo váy
អាវខែ

áo cưới
សំលៀកបំពាក់អាពាហ៍ពិពា
ហ៍

bộ com lê
ខោអាវឈុត

áo ngủ
រូបរាត្រី

pijama
ឈុតគេង

trang phục sari
សារី

khăn trùm đầu
កន្សែងជូតកុហាល

khăn đội đầu
ធ្នូត

áo burka
សុបម៉ែខ

áo captan
kaftan

áo aba
abaya

quần áo bơi
ឈុតហាលែទឹក

quần bơi
ខោខលី

quần đùi
ខោខលី

quần áo tracksuit
ឈុតហាត់កីឡា

tạp dề
អាវអេៀម

găng tay
សុរកោមដៃ

cái cúc

ឡួរអាវ

kính mắt

វ៉ែនតា

vòng đeo tay

ខ្សែដៃ

vòng cổ

ខ្សែក

nhẫn

ចិញ្ចៀន

hoa tai

ក្រវិល

mũ lưỡi trai

មួក

cái mắc treo áo quần

បុរដាប់ពួយអាវក្រេរៅ

mũ

មួក

cà vạt

ក្រវាត់ក

dây kéo phéc mơ tuya

រូត

mũ bảo hiểm

មួកសុវត្ថិភាព

dây đeo quần

ខ្សែរ

đồng phục học sinh

ឯកសណ្ឋានសាលា

đồng phục

ឯកសណ្ឋាន

yếm trẻ em
អៀ្រមទារក

ti giả
រូបសំណាក

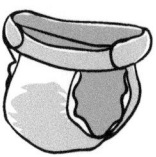

tã lót
ខោទឹកនោម

văn phòng
ការិយាល័យ

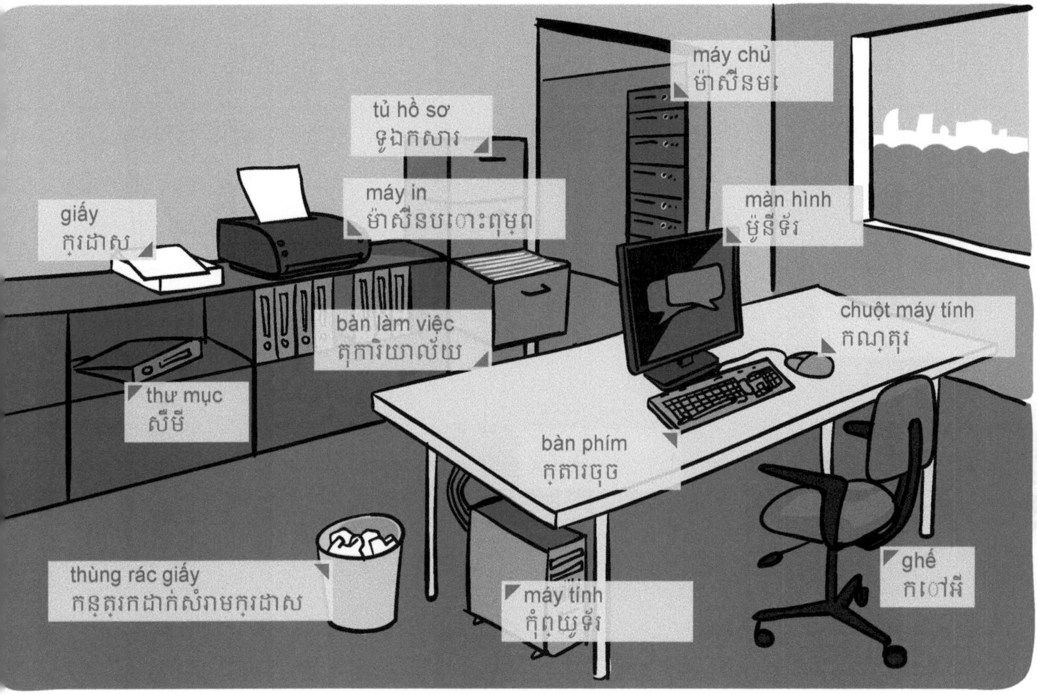

máy chủ
ម៉ាស៊ីនម

tủ hồ sơ
ទូឯកសារ

giấy
ក្រដាស

máy in
ម៉ាស៊ីនបោះពុម្ព

màn hình
ម៉ូនីទ័រ

bàn làm việc
តុការិយាល័យ

chuột máy tính
កណ្ដុរ

thư mục
ស៊ីម៉ី

bàn phím
ក្ដារចុច

thùng rác giấy
កន្ត្រករដាស់រំសរមក្រដាស

máy tính
កុំព្យូទ័រ

ghế
កៅអី

cốc cà phê
កំរ៉ៃកាហ្វ៉រ

máy tính bỏ túi
ម៉ាស៊ីនគិតលេខ

internet
អ៊ីនធឺណិត

laptop

កុំព្យូទ័រយួរដៃ

thư

លិខិត

tin nhắn

សារ

điện thoại di động

ទូរស័ព្ទដៃ

mạng

បណ្តាញ

máy photocopy

ម៉ាស៊ីនថតចម្លង

phần mềm

ស្វហ្វែរ

điện thoại

ទូរស័ព្ទ

ổ cắm điện

នុធដៃ

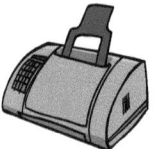

máy fax

ម៉ាស៊ីនទូរសារ

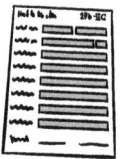

mẫu đơn

ទម្រង់បែបបទ

chứng từ

ឯកសារ

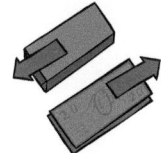

mua

ទិញ

trả tiền

បង់ប្រាក់

buôn bán

ធ្វើពាណិជ្ជកម្ម

tiền

លុយ

đô la

ប្រាក់ដុល្លារ

Euro

ប្រាក់អឺរ៉ូ

yên

ប្រាក់យ៉េន

rúp

ប្រាក់រូប៊ិល

franc Thụy Sĩ

ហ្វ្រង់ស្វ៊ីស

nhân dân tệ

ប្រាក់យ៉ន

rupi

ប្រាក់រូពី

máy rút tiền tự động

កន្លែងប្រមូលសាច់ប្រាក់

quầy đổi tiền

ការិយាល័យប្តូរប្រាក់

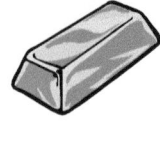

vàng

មាស

bạc

ប្រាក់

dầu

ប្រេង

năng lượng

ថាមពល

giá tiền

តម្លៃ

hợp đồng

កិច្ចសន្យា

thuế

ពន្ធ

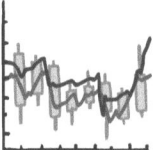

cổ phiếu

ភាគហ៊ុន

làm việc

ធ្វើការ

nhân viên

បុគ្គលិក

chủ lao động

និយោជក

nhà máy

រោងចក្រ

cửa hiệu

ហាង

nghề nghiệp
មុខរបរ

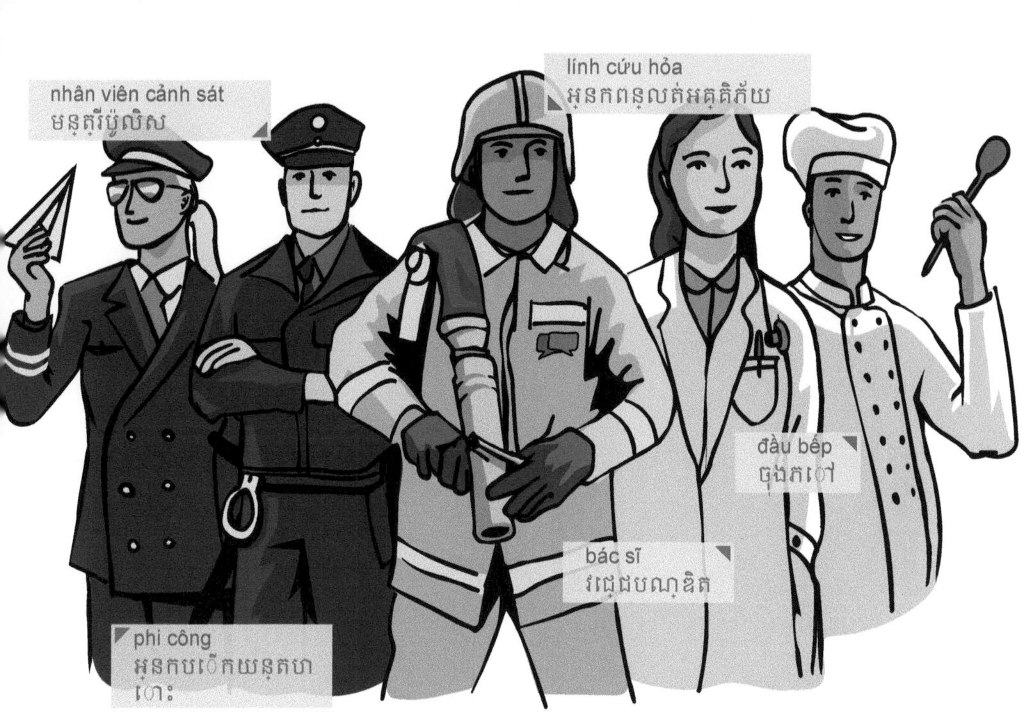
nhân viên cảnh sát
មន្ត្រីប៉ូលិស
lính cứu hỏa
អ្នកពន្លត់អគ្គិភ័យ
đầu bếp
ចុងភៅ
bác sĩ
វេជ្ជបណ្ឌិត
phi công
អ្នកបើកយន្តហោះ

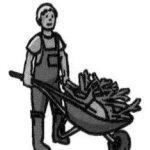

người làm vườn
អ្នកថែសួន

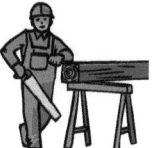

thợ mộc
ជាងឈើ

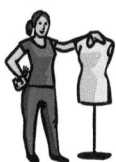

thợ may
ជាងកាត់ដេរ

chánh án
ចៅក្រម

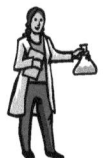

nhà hóa học
គីមីវិទូ

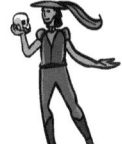

diễn viên
តួកុន

tài xế xe buýt

អ្នកបើកឡានក្រុង

người lái taxi

អ្នកបើកតាក់ស៊ី

ngư dân

អ្នកនេសាទ

người lau dọn vệ sinh

សុត្រីអ្នកសម្អាត

thợ lợp mái nhà

ជាងដំបូល

bồi bàn

អ្នករត់តុ

thợ săn

អ្នកបរបាញ់សត្វ

họa sĩ

វិចិត្រករ

thợ làm bánh

អ្នកដុតនំ

thợ điện

ជាងអគ្គីសនី

thợ xây dựng

ជាងសំណង់

kỹ sư

វិស្វករ

người hàng thịt

អ្នកកាប់សាច់

thợ sửa ống nước

ជាងជួសជុលទុយោទឹក

người đưa thư

អ្នករត់សំបុត្រ

người lính

ទាហាន

kiến trúc sư

ស្ថាបត្យករ

nhân viên thu ngân

បេឡា

người bán hoa

អ្នកលក់ផ្កា

thợ cắt tóc

អ្នកអ៊ិតសក់

nhân viên soát vé

អ្នកយកលុយ

thợ cơ khí

ជាងម៉ាស៊ីន

thuyền trưởng

កាពីទែន

nha sĩ

ពេទ្យធ្មេញ

nhà khoa học

អ្នកវិទ្យាសាស្ត្រ

giáo sĩ Do thái

គ្រូបង្រៀនច្បាប់សញ្ជាតិ
ជ្វីហ្វ

lãnh tụ Hồi giáo

លោកសង្ឃយ៉ាម

nhà sư

ព្រះសង្ឃយ

mục sư

បព្វជិត

dụng cụ
ឧបករណ៍

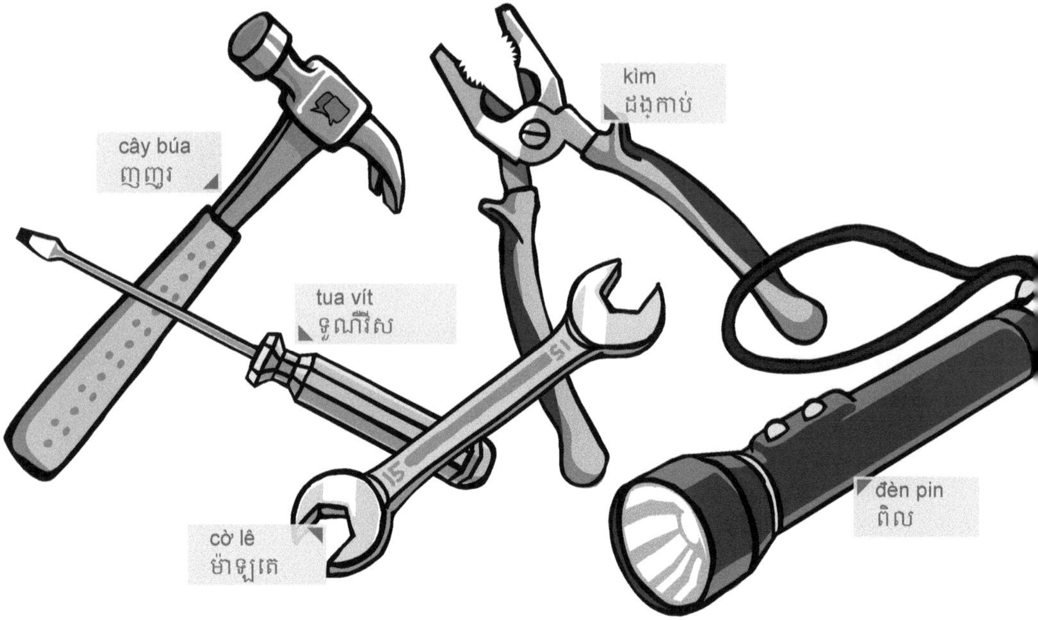
cây búa
ញញួរ
kìm
ដង្កាប់
tua vít
ទួណឺវីស
cờ lê
ម៉ាឡេត
đèn pin
ពិល

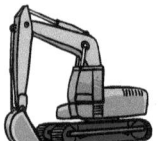

máy xúc đất

ម៉ាស៊ីនជីក

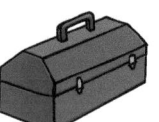

hộp dụng cụ

ប្រអប់ឧបករណ៍

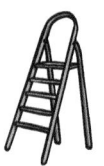

cái thang

ជណ្ដើរ

cưa

រណារ

đinh

ដែកគោល

máy khoan

ប្រដាប់ស្វាន

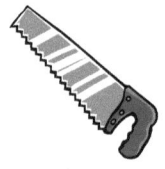

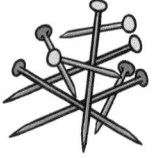

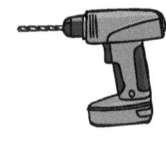

sửa chữa
ជួសជុល

cái xẻng
ប៉ែល

khốn nạn!
ចង្រៃ!

cái hót rác
បុរដោបច្ចុកធូលី

thùng sơn
ធុងថ្នាំពណ៌

vít
វីស

nhạc cụ
ឧបករណ៍តន្ត្រី

loa
ឧបករណ៍បំពងសំឡេង

bộ trống
ឈុតសូរ

đàn công tra bát
បាសពីរ

kèn trompet
គ្រប់វ៉

đàn ghi ta
ហ្គ៉ីតា

đàn piano

ពុយាណូ

đàn vĩ cầm

វីយូឡុង

ghi ta bass

ហាស

trống định âm

ស៊ូតរពោសសុបកៃមុយ៉ាង

trống

ស៊ូតរ

đàn organ

យ៉ឺបត

kèn Saxophone

សាក់ស៊ូហ្វូន

sáo

ខ្លុយ

micro

ម៉ៃក្រូហ្វូន

vườn bách thú
សួនសត្វ

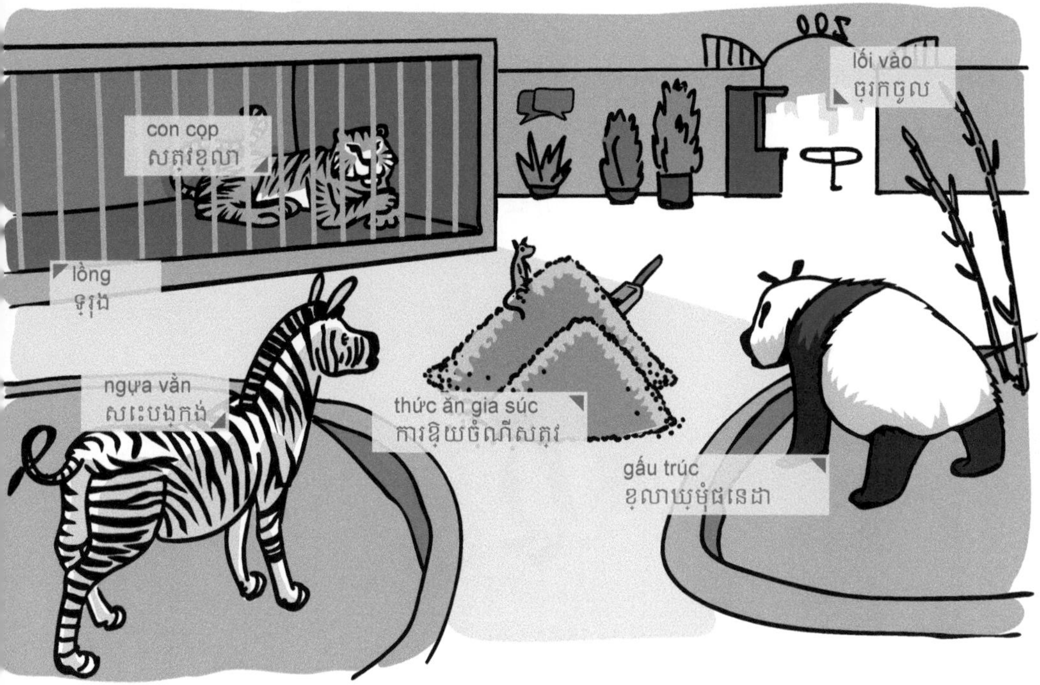
zoo
lối vào
ច្រកចូល
con cọp
សត្វខ្លា
lồng
ទ្រុង
ngựa vằn
សេះបង្កង់
thức ăn gia súc
ការឱ្យចំណីសត្វ
gấu trúc
ខ្លាឃ្មុំផេនដា

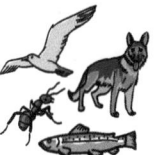

động vật
សត្វ

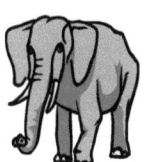

con voi
សត្វដំរី

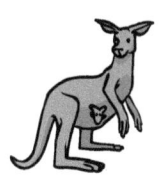

chuột túi
សត្វកង់ហ្គារូ

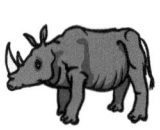

tê giác
សត្វរមាស

khỉ đột
សត្វស្វាហ្គ័រីឡា

con gấu
ខ្លាឃ្មុំពណ៌ត្នោត

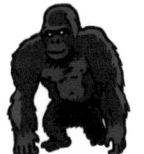

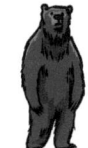

lạc đà
សត្វអូដ្ឋ

đà điểu
សត្វអូទ្រីស

sư tử
សត្វតោ

con khỉ
ស្វា

hồng hạc
សត្វក្របៀល

con vẹt
សកែ

gấu bắc cực
ខ្លាឃ្មុំតំបន់ប៉ូល

chim cánh cụt
ផេនឃ្វីន

cá mập
ត្រីឆ្លាម

con công
ក្ងោកៅ

con rắn
សត្វពស់

cá sấu
ក្រពើ

người trông giữ vườn bách
thú
អ្នកកុសាសួនសត្វ

hải cẩu
ឆ្មាទឹក

báo đốm
ខ្លារខិនមួយយ៉ាង

vườn bách thú - សួនសត្វ

ngựa lùn

 កូនសេះ

con báo

ខ្លារខិន

hà mã

សត្វដ៏ទឹក

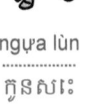

hươu cao cổ

សត្វករវៃង

đại bàng

ឥន្ទ្រី

heo rừng

ជ្រូក

cá

ត្រី

con rùa

អណ្ដើកឈើក

hải mã

លពោមមច្ឆា

con cáo

កញ្ជ្រោងពោង

linh dương

ក្ដាន់

bóng bầu dục Mỹ
កីឡាបាល់ទាត់អាមេរិក

đua xe đạp
ការបរណាំងកង់

quần vợt
កីឡាថេនីស

bóng rổ
កីឡាបាល់បោះ

bơi
កីឡាហែលទឹក

khúc côn cầu trên băng
កីឡាវាយកូនបាល់លើទឹកកក

đấm bốc
កីឡាប្រដាល់

bóng đá
កីឡាបាល់ទាត់

cầu lông
កីឡាវាយសី

điền kinh
អត្តពលកម្ម

bóng ném
កីឡាបាល់កាន់

trượt tuyết
ការជិះស្គី

polo
ប៉ូឡូ

nhảy
លោត

ôm
ឱប

cười
សើច

đi bộ
ដើរ

ca hát
ច្រៀង

cầu nguyện
អធិស្ឋាន

hôn
ថើប

mơ
សុបិន្ត

viết
······
សរសេរ

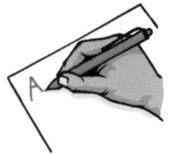

vẽ
······
គូរ

chỉ trỏ
······
បង្ហាញ

đẩy
······
រុញ

cho
······
ឱ្យ

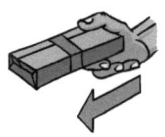

lấy đi
······
យក

có

មាន

làm

ធ្វើ

thì / là

គឺ

đứng

ឈរ

chạy

រត់

kéo

ទាញ

ném

បោះ

rơi

ធ្លាក់

nằm

កុហក

chờ đợi

រង់ចាំ

mang vác

យូរ

ngồi

អង្គុយ

mặc quần áo

សួលៀកពាក់

ngủ

ដេក

thức dậy

ភ្ញាក់ឡ្យេីង

xem

មើល

khóc

យំ

vuốt ve

គូសរាស

chải

សិតសក់

nói chuyện

និយាយ

hiểu

យល់

câu hỏi

សួរ

nghe

ស្ដាប់

uống

ផឹក

ăn

បរិភោគ

dọn dẹp

សម្អាត

yêu

ស្រលាញ់

nấu nướng

ចម្អិន

lái xe

បើកបរ

bay

ហោះ

đi thuyền buồm

ចែកទូក

tính toán

គណនា

đọc

អាន

học

រៀន

làm việc

ធ្វើការ

cưới

រៀបការ

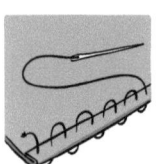

khâu vá

ដេរ

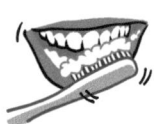

đánh răng

ដុសធ្មេញ

giết

សម្លាប់

hút thuốc

ជក់

gửi đi

ផ្ញើ

gia đình
ក្រុមគ្រួសារ

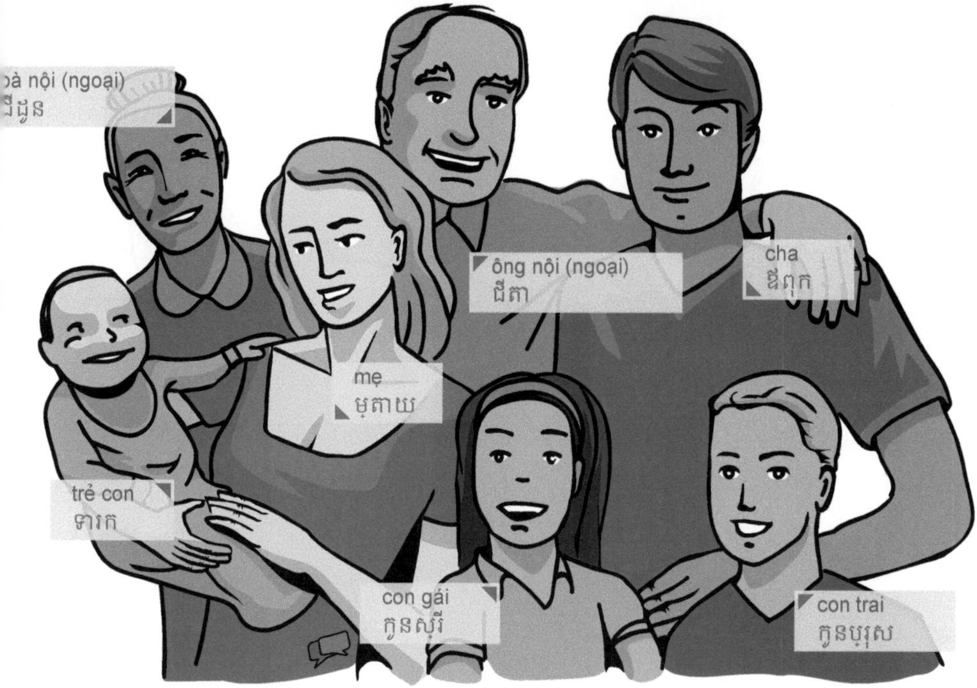

à nội (ngoại)
ដូន
ông nội (ngoại)
ជីតា
cha
ឪពុក
mẹ
ម្តាយ
trẻ con
ទារក
con gái
កូនស្រី
con trai
កូនប្រុស

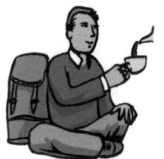

khách
ភ្ញៀវ

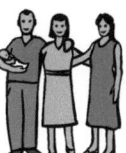

cô (dì)
មីង

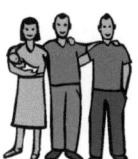

chú, bác (cậu)
ពូ

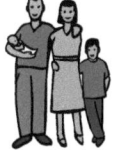

anh (em) trai
បងប្អូនប្រុស

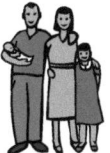

chị (em) gái
បងប្អូនស្រី

cơ thể

រាងកាយ

trán
ថ្ងាស
mắt
ភ្នែក
vai
ស្មា
ngón tay
ម្រាមដៃ
mặt
មុខ
cằm
ចង្កា
bàn tay
ដៃ
chân
ជើង
ngực
សុដន់
cánh tay
ដៃ

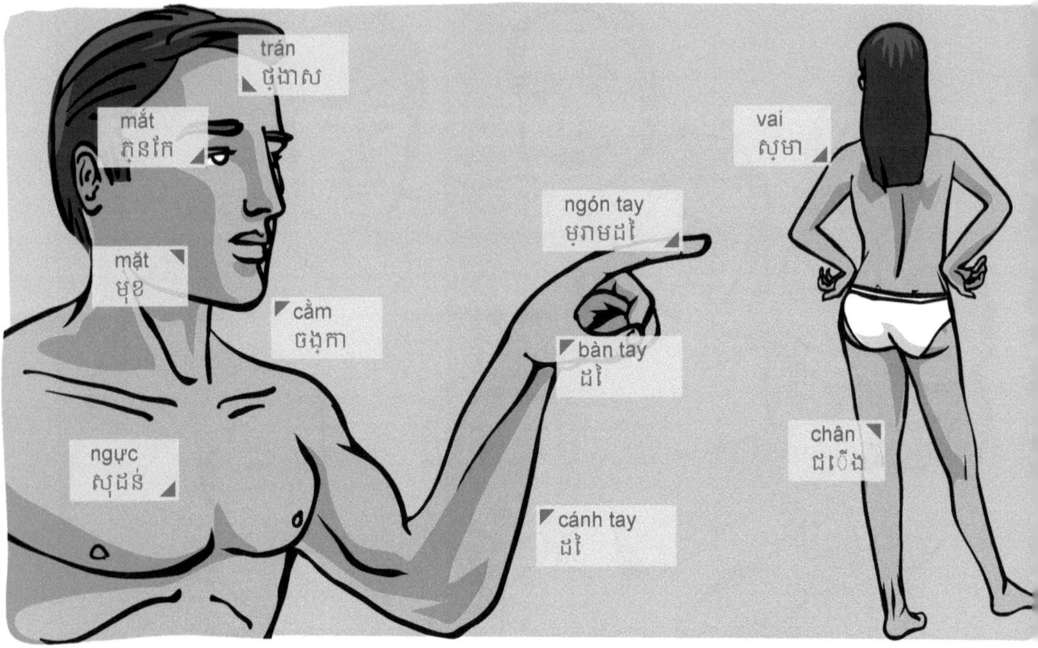

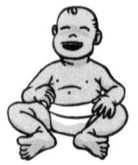

trẻ con

ទារក

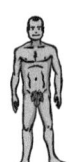

đàn ông

បុរស

phụ nữ

ស្ត្រី

bé gái

ក្មេងស្រី

bé trai

ក្មេងប្រុស

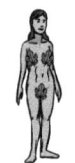

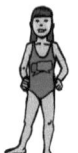

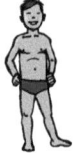

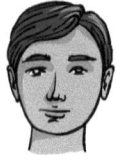

đầu

ក្បាល

lưng

ខ្នង

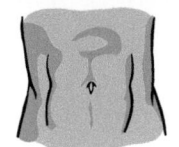

bụng

ពោះ

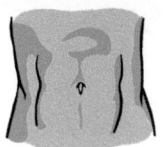

rốn

ផ្ចិត

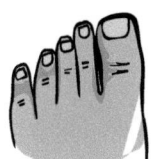

ngón chân

ម្រាមជើង

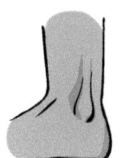

gót chân

កែងជើង

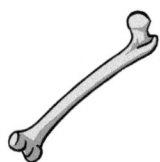

xương

ឆ្អឹង

hông

គូទគាក

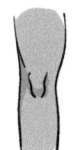

đầu gối

ជង្គង់

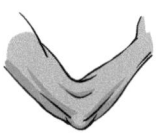

khuỷu tay

កែងដៃ

mũi

ច្រមុះ

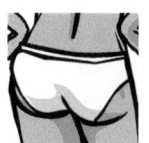

mông

គូទ

da

ស្បែក

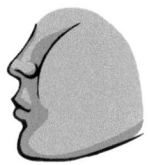

má

ថ្ពាល់

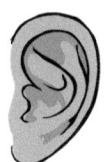

tai

ត្រចៀក

môi

បបូរមាត់

miệng

មាត់

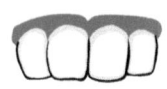

răng

ធ្មេញ

lưỡi

អណ្តាត

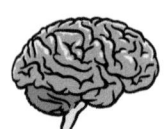

não

ខួរក្បាល

tim

បេះដូង

cơ bắp

សាច់ដុំ

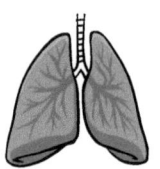

phổi

សួត

gan

ថ្លើម

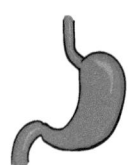

dạ dày

ក្រពះ

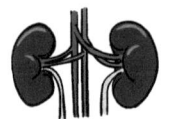

thận

តម្រងនោម

giao hợp

ការរួមភេទ

bao cao su

ស្រោមអនាម័យ

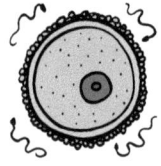

noãn

អូវុល

tinh dịch

ទឹកកាម

mang thai

ការមានផ្ទៃពោះ

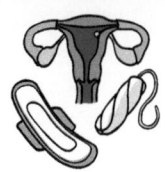

kinh nguyệt

មករដូវ

âm vật

ទ្វារមាស

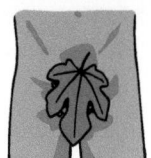

dương vật

លិង្គ

lông mày

ចិញ្ចើមភ្នែក

tóc

សក់

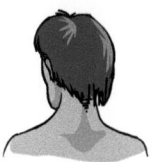

cổ

ក

bệnh viện
មន្ទីរពេទ្យ

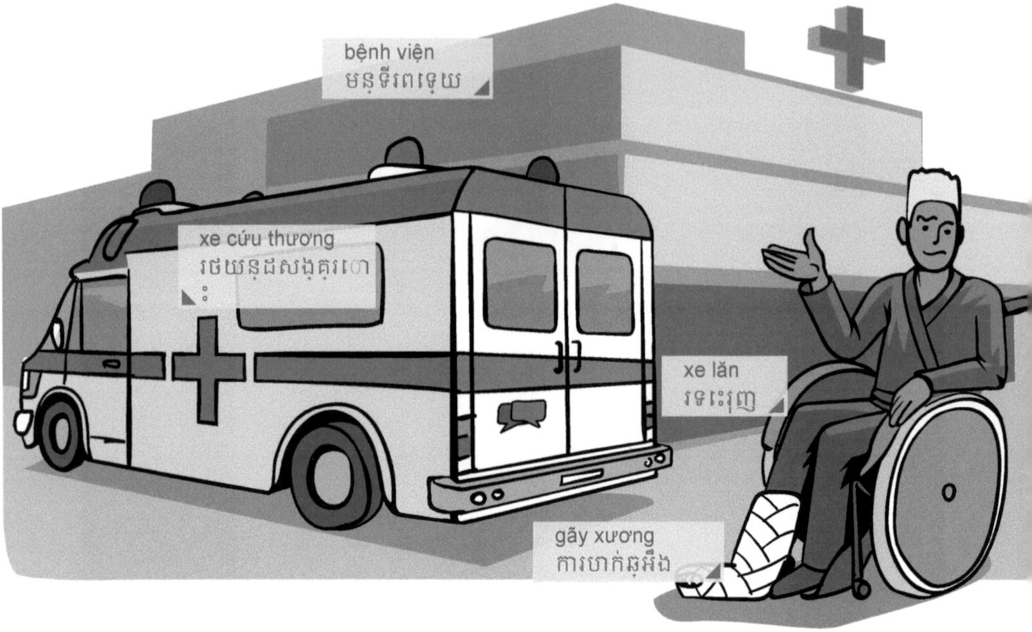

bệnh viện
មន្ទីរពេទ្យ
xe cứu thương
រថយន្តសង្គ្រោះ
xe lăn
រទេះរុញ
gãy xương
ការបាក់ឆ្អឹង

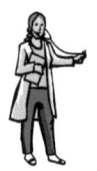

bác sĩ

វេជ្ជបណ្ឌិត

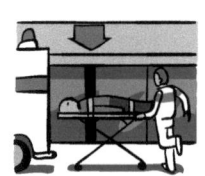

phòng cấp cứu

បន្ទប់សង្គ្រោះបន្ទាន់

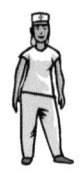

y tá

គិលានុបដ្ឋាយិកា

cấp cứu

សង្គ្រោះបន្ទាន់

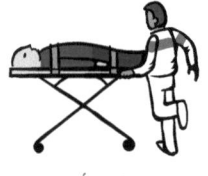

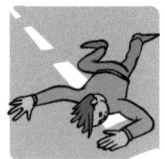

bất tỉnh

សន្លប់

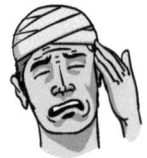

cơn đau

ការឈឺចាប់

bị thương

ការរងរបួស

chảy máu

ការហូរឈាម

nhồi máu cơ tim

គាំងបេះដូង

đột quy

ជម្ងឺដាច់សរសៃឈាមក្នុង
ក្បាល

dị ứng

អាលែកហ្ស៊ី

ho

ក្អក

sốt

ជំងឺគ្រុន

cúm

ជំងឺផ្តាសាយ

tiêu chảy

ជំងឺរាគួស

đau đầu

ឈឺក្បាល

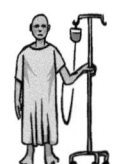

ung thư

ជំងឺមហារីក

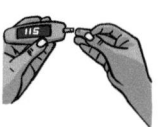

bệnh tiểu đường

ជំងឺទឹកនោមផ្អែម

bác sĩ phẫu thuật

គ្រូពេទ្យវះកាត់

dao mổ

កាំបិតវះកាត់

giải phẫu

បុរតិបត្ដិការ

chụp cắt lớp
CT
កាំរស្មីអ៊ិច

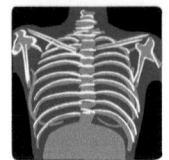

chụp x-quang
កាំរស្មីអ៊ិច

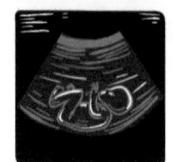

siêu âm
អេកូ

mặt nạ
របាំងមុខ

bệnh
ជំងឺ

phòng đợi
បន្ទប់រង់ចាំ

cái nạng
ឈើច្រត់

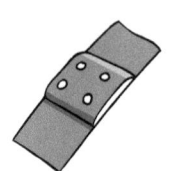

băng dán vết thương
មុនាងសិលា

băng bó
បង់រុំ

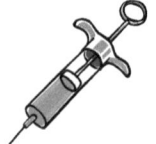

tiêm thuốc
ការចាក់ថ្នាំ

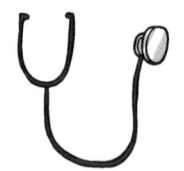

ống nghe khám bệnh
ស្តេតូស្កូប

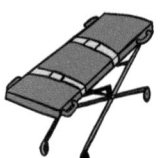

băng ca
សូនងរបួស

nhiệt kế
ទែម៉ូម៉ែត្រពេទ្យ

sinh đẻ
កំណើត

thừa cân
លើសទម្ងន់

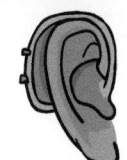

máy trợ thính

ឧបករណ៍ជំនួយការស្ដាប់

chất khử trùng

សារធាតុសម្លាប់មេរោគ

nhiễm trùng

ការឆ្លងមេរោគ

vi rút

មេរោគ

HIV / AIDS

មេរោគអេដស៍ / ជំងឺអេដស៍

thuốc

ថ្នាំពេទ្យ

tiêm chủng

ការចាក់ថ្នាំបង្ការ

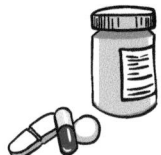

thuốc viên

ថប្បូលិត

viên thuốc

ថ្នាំគ្រាប់

gọi cấp cứu

ការហៅពេលអាសន្ន

máy đo huyết áp

ឧបករណ៍ពិនិត្យយសម្ពាធ
ឈាម

bệnh / khỏe mạnh

ឈឺ / មានសុខភាពល្អ

cứu!

ជំនួយ!

báo động

សំឡេងរោទ៍

cuộc đột kích

ការវាយលុក

sự tấn công

ការវាយប្រហារ

mối nguy hiểm

គ្រោះថ្នាក់

lối thoát hiểm

ច្រកចេញគ្រោអាសន្ន

cháy!

អគ្គីភ័យ!

bình chữa cháy

បំពង់ពន្លត់អគ្គិភ័យ

tai nạn

គ្រោះថ្នាក់

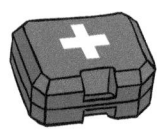

bộ dụng cụ sơ cứu

ឧបករណ៍ជំនួយបឋម

SOS

SOS

cảnh sát

ប៉ូលិស

châu Âu

អឺរ៉ុប

Bắc Mỹ

អាមរិកខាងជើង

Nam Mỹ

អាមរិកខាងត្បូង

châu Phi

អាហ្វ្រិក

châu Á

អាស៊ី

châu Úc

អូស្ត្រាលី

Đại Tây Dương

អាតុលង់ទិច

Thái Bình Dương

ប៉ាស៊ីហ្វិក

Ấn Độ Dương

មហាសមុទ្រឥណ្ឌា

Nam Cực Dương

មហាសមុទ្រអង់តាក់ទិច

Bắc Băng Dương

មហាសមុទ្រអាកទិច

bắc cực

ប៉ូលខាងជើង

nam cực
ប៉ូលខាងត្បូង

nam cực
អង់តាក់ទិក

trái đất
ផែនដី

đất liền
ដីគោក

biển
សមុទ្រ

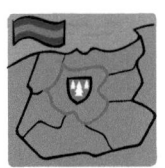

đảo
កោះ

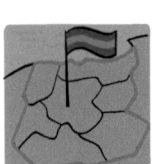

quốc gia
បុរទេសជាតិ

nhà nước
រដ្ឋ

mặt đồng hồ

មុខនាឡិកា

kim chỉ giờ

ទ្រនិចម៉ោង

kim chỉ phút

ទ្រនិចនាទី

kim chỉ giây

ទ្រនិចវិនាទី

Bây giờ là mấy giờ?

ម៉ោងប៉ុន្មាន?

ngày

ថ្ងៃ

thời gian

ពេលវេលា

bây giờ

ឥឡូវនេះ

đồng hồ điện tử

នាឡិកាឌីជីថល

phút

នាទី

giờ

ម៉ោង

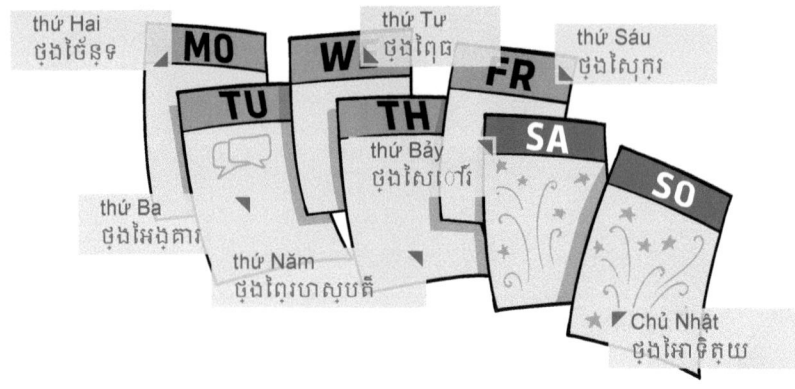

thứ Hai
ថ្ងៃច័ន្ទ

thứ Tư
ថ្ងៃពុធ

thứ Sáu
ថ្ងៃសុក្រ

thứ Ba
ថ្ងៃអង្គារ

thứ Bảy
ថ្ងៃសៅរ៍

thứ Năm
ថ្ងៃព្រហស្បតិ៍

Chủ Nhật
ថ្ងៃអាទិត្យ

hôm qua
មុសិលមិញ

hôm nay
ថ្ងៃនេះ

ngày mai
ថ្ងៃស្អែក

buổi sáng
ពឺរឹក

buổi trưa
ថ្ងៃត្រង់

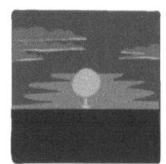

buổi tối
ល្ងាច

MO	TU	WE	TH	FR	SA	SU
1	2	3	4	5	6	7
8	9	10	11	12	13	14
15	16	17	18	19	20	21
22	23	24	25	26	27	28
29	30	31	1	2	3	4

ngày làm việc
ថ្ងៃធ្វើការ

MO	TU	WE	TH	FR	SA	SU
1	2	3	4	5	6	7
8	9	10	11	12	13	14
15	16	17	18	19	20	21
22	23	24	25	26	27	28
29	30	31	1	2	3	4

cuối tuần
ចុងសប្ដាហ៍

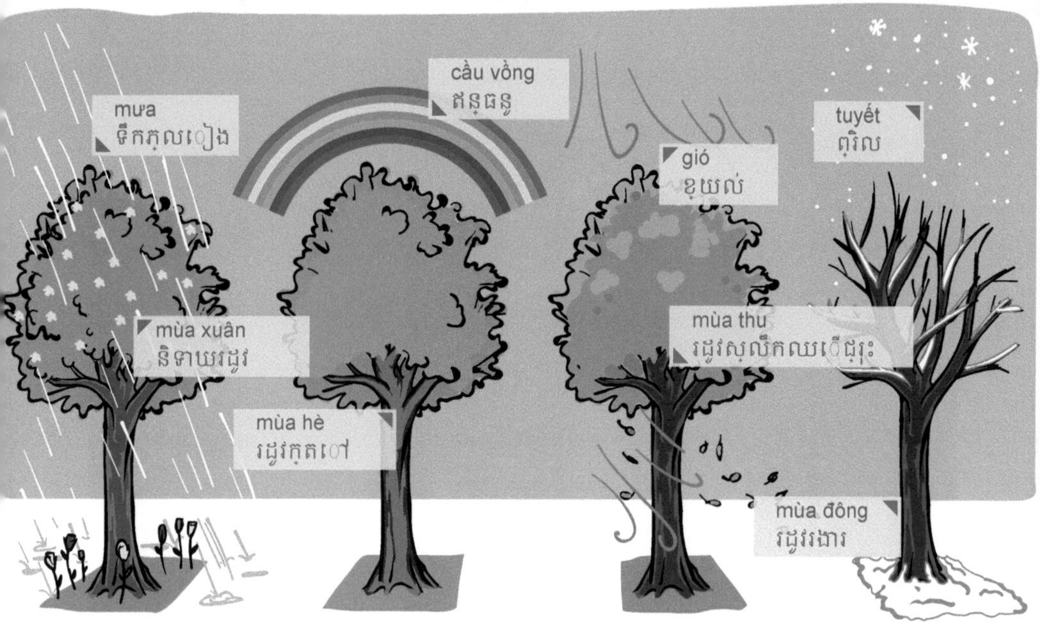
mưa
ទឹកភ្លៀង
cầu vồng
ឥន្ទធនូ
gió
ខ្យល់
tuyết
ព្រិល
mùa xuân
និទាឃរដូវ
mùa thu
រដូវស្លឹកឈើជ្រុះ
mùa hè
រដូវក្តៅ
mùa đông
រដូវរងារ

4.APRIL 11°
5.APRIL 4°
6.APRIL 13°
7.APRIL 8°
8.APRIL 10°

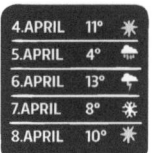

dự báo thời tiết
ការព្យាករណ៍អាកាសធាតុ

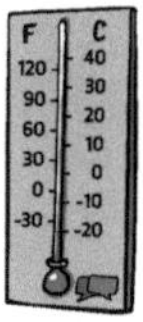
F C
120 40
90 30
60 20
30 10
0 0
-30 -10
-20

nhiệt kế
ទែម៉ូម៉ែត្រ

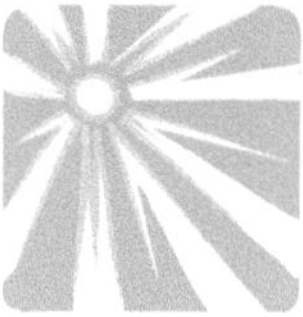

ánh nắng
ពន្លឺថ្ងៃ

mây
ពពក

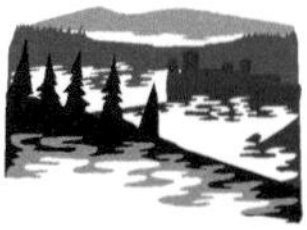

sương mù
អ័ព្ទ

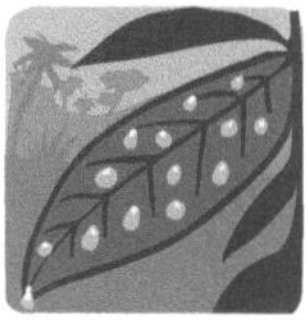

độ ẩm không khí
សំណើម

tia chớp

រន្ទះ

sấm sét

ផ្គរ

cơn bão

ព្យុះ

mưa đá

ព្រិល

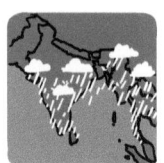

gió mùa

ខ្យល់មូសុង

lũ lụt

ទឹកជំនន់

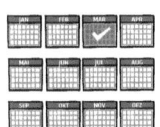

nước đá

ទឹកកក

tháng Một

ខែមករា

tháng Hai

ខែកុម្ភៈ

tháng Ba

ខែមីនា

tháng Tư

ខែមេសា

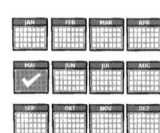

tháng Năm

ខែឧសភា

tháng Sáu

ខែមិថុនា

tháng Bảy

ខែកក្កដា

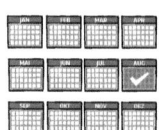

tháng Tám

ខែសីហា

82   năm - ឆ្នាំ

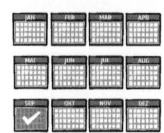

tháng Chín

ខែកញ្ញា

tháng Mười

ខែតុលា

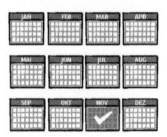

tháng Mười Một

ខែវិច្ឆិកា

tháng Mười Hai

ខែធ្នូ

hình dạng
រាង

hình tròn

រង្វង់

hình vuông

ការ៉េ

hình chữ nhật

ចតុកោណកែង

hình tam giác

ត្រីកោណ

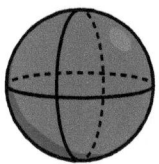

hình cầu

ស៊្វែរ

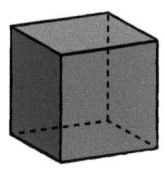

khối vuông

គូប

màu trắng

ពណ៌ស

màu vàng

ពណ៌លឿង

màu cam

ពណ៌ទឹកក្រូច

màu hồng

ពណ៌ផ្កាឈូក

màu đỏ

ពណ៌ក្រហម

màu tím

ពណ៌ស្វាយ

màu xanh dương

ពណ៌ខៀវ

màu xanh lá cây

ពណ៌បៃតង

màu nâu

ពណ៌ទឹកក្រូច

màu xám

ពណ៌ប្រផេះ

màu đen

ពណ៌ខ្មៅ

nhiều / ít

ច្រើន / តិចតួច

tức tối / điềm tĩnh

ខឹង / គ្រជាក់ចិត្ត

xinh đẹp / xấu xí

សូរស់សូអាត / អាក្រក់

bắt đầu / kết thúc

ចាប់ផ្តើម / បញ្ចប់

to / nhỏ

ធំ / តូច

sáng / tối

ភ្លឺ / ងងឹត

anh (em) trai / chị (em) gái

បងប្អូនប្រុស / បងប្អូនស្រី

sạch / bẩn

សូអាត / កខ្វក់

đủ / thiếu

ពេញលេញ / មិនពេញលេញ

ngày / đêm

ថ្ងៃ / យប់

chết / sống

ស្លាប់ / នៅរស់

rộng / chật hẹp

ធំទូលាយ / តូចចង្អៀត

ăn được / không ăn được

អាចបរិភោគតបាន /
មិនអាចបរិភោគតបាន

ác / tử tế

ចិត្តអាក្រក់ / ចិត្តល្អ

hào hứng / chán nản

ការរំភើប / អផ្សុក

béo / gầy

ធាត់ / ស្គម

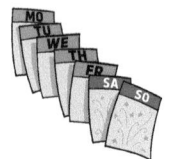

đầu tiên / cuối cùng

ដំបូង / ចុងក្រោយ

bạn / thù

មិត្តភក្តិ / សត្រូវ

đầy / rỗng

ពេញ / ទទេ

cứng / mềm

រឹង / ទន់

nặng / nhẹ

ធ្ងន់ / ស្រាល

đói / khát

ភាពអត់ឃ្លាន /
ការស្រេកឃ្លាន

bệnh / khỏe mạnh

ឈឺ / មានសុខភាពល្អ

bất hợp pháp / hợp pháp

ខុសច្បាប់ / ត្រូវច្បាប់

thông minh / ngu

ឆ្លាតវៃ / ល្ងង់

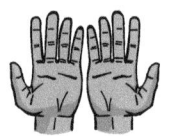

trái / phải

ឆ្វេង / ស្តាំ

gần / xa

ជិត / ឆ្ងាយ

mới / cũ

ថ្មី / ហានបុរេ

không có gì cả / có cái gì đó

គ្មានអ្វីសោះ / អ្វីម្យ

già / trẻ

ចាស់ / កុមង

bật / tắc

បេីក / បិទ

mở / đóng

បេីក / បិទ

im lặng / ồn ào

ស្ងប់ស្ងាត់ / ពុខលាំង

giàu / nghèo

មាន / ក្ររ

đúng / sai

ក្រូវ / ខុស

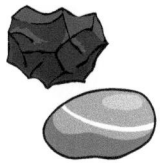

sần sùi / mịn màng

គុររៃម / រលៅង

buồn / vui

ពិហាកចិត្ត / សប្បាយចិត្ត

ngắn / dài

ខ្លី / វៃង

chậm / nhanh

យឺត / លឿន

ẩm ướt / khô ráo

សេីម / ស្ងួត

ấm áp / mát mẻ

កៅ / គ្ររជាក់

chiến tranh / hòa bình

សង្ង្រាម / សន្តិភាព

0

số không
ស៊ុន្យ

1

một
មួយ

2

hai
ពីរ

3

ba
បី

4

bốn
បួន

5

năm
ប្រាំ

6

sáu
ប្រាំមួយ

7

bảy
ប្រាំពីរ

8

tám
ប្រាំបី

9

chín
ប្រាំបួន

10

mười
ដប់

11

mười một
ដប់មួយ

12

mười hai
ដប់ពីរ

13

mười ba
ដប់បី

14

mười bốn
ដប់បួន

15

mười lăm
ដប់ប្រាំ

16

mười sáu
ដប់ប្រាំមួយ

17

mười bảy
ដប់ប្រាំពីរ

18

mười tám
ដប់ប្រាំបី

19

mười chín
ដប់ប្រាំបួន

20

hai mươi
ម្ភៃ

100

một trăm
រយ

1.000

một ngàn
ពាន់

1.000.000

một triệu
លាន

tiếng Anh
អង់គ្លេស

tiếng Anh Mỹ
អង់គ្លេសអាមេរិក

tiếng Quan Thoại
ចិនកុកងឺ

tiếng Hin-di
ហិណ្ឌូ

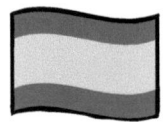

tiếng Tây Ban Nha
អេស្ប៉ាញ

tiếng Pháp
ហ្វ្រាំង

tiếng Ả-rập
អារ៉ាប់

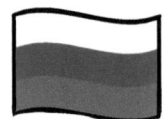

tiếng Nga
រុស្សី

tiếng Bồ Đào Nha
ព័រទុយហ្គាល់

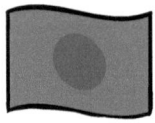

tiếng Bengal
បង់ក្លាដេស

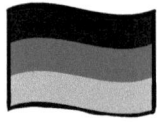

tiếng Đức
អាល្លឺម៉ង់

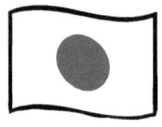

tiếng Nhật
ជប៉ុន

tôi

ខ្ញុំ

bạn

អ្នក

anh ta / cô ta / nó

គាត់ / នាង / វា

chúng tôi

យើង

các bạn

អ្នក

họ

ពួកគេហាន

ai?

នរណា?

cái gì?

អ្វី?

như thế nào?

របៀបណា?

ở đâu?

កន្លែងណា?

lúc nào?

ពេលណា?

tên

ឈ្មោះ

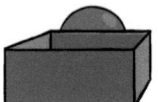

phía sau
ពីក្រោយ

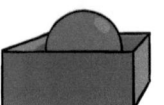

ở trong
ក្នុង

phía trước
ពីមុខ

phía trên
ពីលើ

ở trên
នៅលើ

ở dưới
នៅក្រោម

bên cạnh
នៅក្បែរ

ở giữa
រវាង

chỗ
កន្លែង